U0688226

高校会计教学改革与人才培养研究

任立改　李锐云　鲍玉杰　著

中国原子能出版社

图书在版编目（CIP）数据

高校会计教学改革与人才培养研究 / 任立改，李锐云，鲍玉杰著． -- 北京 : 中国原子能出版社，2022.7
ISBN 978-7-5221-2038-6

Ⅰ．①高… Ⅱ．①任… ②李… ③鲍… Ⅲ．①高等学校－会计－人才培养－教学研究－中国 Ⅳ．①F233.2

中国版本图书馆 CIP 数据核字（2022）第 140854 号

高校会计教学改革与人才培养研究

出版发行	中国原子能出版社（北京市海淀区阜成路 43 号　100048）
责任编辑	杨晓宇
责任印刷	赵　明
印　　刷	北京天恒嘉业印刷有限公司
经　　销	全国新华书店
开　　本	787mm×1092mm　　1/16
印　　张	11
字　　数	209 千字
版　　次	2022 年 7 月第 1 版
印　　次	2022 年 7 月第 1 次印刷
标准书号	ISBN 978-7-5221-2038-6　　　　　定　价 72.00 元

网　址: http//www.aep.com.cn　　　　E-mail: atomep123@126.com
发行电话: 010-68452845　　　　　　版权所有　翻印必究

作者简介

任立改 女，中共党员，硕士研究生，讲师，2013 年毕业于河北地质大学。现任河北地质大学华信学院会计系任专职教师，从事会计教学工作，先后参与了校内的"会计学""会计信息系统"课程组的部分教改任务；另外参编了《政府会计》的部分章节。2019 年指导学生参加全国高校商业精英挑战赛会计与商业管理案例竞赛全国总决赛，荣获一等奖，本人获得"优秀指导教师"称号。

李锐云 女，汉族，河南省济源人，郑州工商学院专职教师，中级会计师，注册会计师。2016 年 7 月毕业于西安财经大学会计学专业，硕士研究生，主要研究方向为会计基础理论知识。

鲍玉杰 女，中共党员，汉族，河南周口人，郑州工商学院专职教师，中级会计师。2016 年 7 月毕业于石河子大学会计学专业，硕士研究生，主要研究方向为会计基础理论知识。

前　言

在我国经济持续快速增长的过程中，互联网技术正在以前所未有的速度蓬勃发展，并以前所未有的深度和广度介入经济社会的各个领域，高等教育改革同样应及时顺应时代发展潮流。会计教育为国家培养会计人才，时代的发展带来的不仅是会计技术上的变化，更是会计思维、理念和模式上的变革，也使企业对会计人员的职业需求发生了改变，因而会计教学需要在转型中不断改进创新教育教学，持续发展，才能培养出具有较强竞争力的高素质人才。

本书第一章为会计教学及会计人才培养概述，分别介绍了会计教学概述、我国会计教学现状、会计人才培养概述以及会计人才培养现状四个方面的内容；第二章为"互联网+"背景下的会计教学建设，主要介绍了三个方面的内容，依次是"互联网+"概述、"互联网+"与会计教学、"互联网+"背景下的会计教学建设路径；第三章为高校会计教学改革措施，分别介绍了四个方面的内容，依次是会计教学改革概述、会计教学模式改革、会计教学方法改革以及会计教学资源改革；第四章为高校会计人才培养模式的改革，依次介绍了会计发展的新模式、高校会计人才培养模式的要求以及高校会计人才培养模式的改革；第五章为我国会计人才培养保障与职业展望，分别介绍了卓越会计人才培养的保障体系、我国会计职业能力框架以及我国会计职业发展前景展望三个方面的内容。

在撰写本书的过程中，作者得到了许多专家学者的帮助和指导，参考了大量的学术文献，在此表示真诚的感谢！本书内容系统全面，论述条理清晰、深入浅出。限于作者水平，加之时间仓促，本书难免存在一些不足，在此，恳请同行专家和读者朋友批评指正！

目 录

第一章　会计教学及会计人才培养概述·······························1

　第一节　会计教学概述·······································1

　第二节　我国会计教学现状·······································26

　第三节　会计人才培养概述·······································32

　第四节　会计人才培养现状·······································41

第二章　"互联网+"背景下的会计教学建设·······················47

　第一节　"互联网+"概述·······································47

　第二节　"互联网+"与会计教学·······························50

　第三节　"互联网+"背景下的会计教学建设路径·············59

第三章　高校会计教学改革措施·······························85

　第一节　会计教学改革概述·······························85

　第二节　会计教学模式改革·······························91

　第三节　会计教学方法改革·······························105

　第四节　会计教学资源改革·······························114

第四章　高校会计人才培养模式的改革·······················121

　第一节　会计发展的新模式·······························121

　第二节　高校会计人才培养模式的要求·····················130

　第三节　高校会计人才培养模式的改革·····················133

第五章　我国会计人才培养保障与职业展望 ………………………………… 143

　　第一节　卓越会计人才培养的保障体系 …………………………………… 143

　　第二节　我国会计职业能力框架 …………………………………………… 152

　　第三节　我国会计职业发展前景展望 ……………………………………… 159

参考文献 …………………………………………………………………………… 167

第一章　会计教学及会计人才培养概述

随着经济的发展，社会对会计人才的需求越来越大，且对会计人才的要求也越来越高。本章将围绕会计教学概述、我国会计教学现状、会计人才培养概述以及会计人才培养现状展开。

第一节　会计教学概述

会计是一个汉语词语，英文名称为 Accounting。会计有两层意思，一是指会计工作，二是指会计工作人员。会计工作是以会计法、预算法、统计法等税收法规为法律依据来核对记账凭证、财务账簿、财务报表，从事经济核算和监督的过程，是以货币为主要计量单位，运用专门的方法，核算和监督一个单位经济活动的一种经济管理工作；会计工作人员是进行会计工作的人员，有会计主管、会计监督和核算、财产管理、出纳等人员。

我国从周代就有了专设的会计官职，掌管赋税收入、钱银支出等财务工作，进行月计、岁会。亦即，每月零星盘算为"计"，一年总盘算为"会"，两者合在一起即成"会计"一词。会计发展至今已形成一门系统化的专业学科，下面就具体介绍一下会计教学的内容。

一、会计教学的相关理论基础

（一）基础会计

1. 基础会计的含义

"基础会计"课程是财经类专业的入门课程，是高等院校经济与管理类专业的公共必修课，也是财务管理专业和会计学专业的专业基础课，该课程是根据初学者对会计职业认知的要求和会计核算岗位的基本工作流程设置的。"基础会计"课程主要学习会计职业认知内容、会计基本理论和会计核算基本方法，重点是会计核算基本方法，难点是借贷记账法的应用。

2. 基础会计的教学目标

对本课程来说，会计专业的学生要达到以下三个教学目标。

第一，可使学生正确认识会计职业在社会经济发展中的重要作用，理解会计的职能、目标、对象，会计核算的前提条件，会计核算基础，会计信息质量要求等基本理论，树立会计职业感。

第二，使学生学会运用借贷记账法反映会计业务的增减变动情况。

第三，使学生能够对小型制造业企业的日常活动正确规范地进行核算，包括填制、审核原始凭证，编制、审核记账凭证，登记会计账簿，结账，对账和编制会计报表。

"基础会计"课程所培养的专业能力、方法能力和社会能力是学习后续课程——财务会计、成本会计学、出纳实务、财务管理、管理会计实务等的基础能力，也是从事会计职业应具备的基础能力。本课程按照工作系统化课程的设计思路，依据"会计职业认知与会计基本理论理解"和"会计核算的基本方法"的职业认知基本规律形成两大部分教学内容，其中，以"会计核算的基本方法"作为学习的主要内容。"会计核算的基本方法"教学内容以小型制造业企业日常业务为载体，按照会计核算的工作过程"设置会计科目→设置账户→借贷记账法运用→填制、审核原始凭证→编制、审核记账凭证→建立并登记会计账簿→对账与结账→财产清查→编制会计报表"分设学习情境，并以实务操作过程为序，有机整合理论与实践教学内容，形成学习情境，实行教、学、做一体化教学。

3. 基础会计的教学设计原则

"基础会计"课程的教学设计应遵循下列原则：

第一，注重引导学生在各个学习环节认识会计职业的意义、职能和目标，树立会计职业感；

第二，按照小企业资金循环的过程进行业务排序，使学生熟悉小企业的资金运作过程，熟悉小企业的经营过程，更好地认知企业的经济业务内容；

第三，注重规范化教学，保证实务教学的规范性；

第四，遵循由浅入深的认知规律，把握教学内容的深度。

（二）经济学

1. 物质资料生产和经济学

人是从动物进化而来成为万物之灵的，是劳动创造了人。动物只能靠本能（觅食、保温、栖息、逃生等行动）而生存，而人类能靠生产劳动。人类生产活动都是社会活动。社会生产包括生产力和生产关系两个方面。生产力指人们征服、改造自然的能力，是人们在生产过程中和自然界的关系。生产关系指人们在生产过程中相互结成的关系。生产力决定生产关系，生产关系又反作用或影响生产力，但生产力是社会生产中最活跃的因素，生产关系一定要适合生产力性质和发展要求。生产力与生产关系这两方面统一构成物质资料的生产方式，它是人类社会生活的基础，是社会发展的决定力量。

生产关系的总和又被称为经济基础，建立在一定经济基础上的社会意识形态以及与之相适应的政治、法律等制度被称为上层建筑。每种社会形态（如奴隶制的、封建的、资本主义的和社会主义的社会形态）都是一定的经济基础和上层建筑的具体的、历史的辩证统一。

生产关系和生产力之间，上层建筑和经济基础之间的矛盾是社会的一种基本矛盾，在阶级社会中表现为阶级斗争和社会革命，在社会主义社会中通过改革方式解决。改革也是为了解放生产力，是社会主义社会发展的动力和自我完善。

整个社会生产过程包括生产、交换、分配和消费这几个环节的活动，就是人类社会经济活动。对人类社会经济活动发展过程的研究被称为经济史研究，对经济活动过程规律的研究就是经济学。

2. 经济学的分类

以解决经济资源配置、利用、开发和拓展为对象来划分，经济学从总体上可分为微观经济学与宏观经济学。要弄明白什么是微观经济学和宏观经济学，首先要认识市场经济中两个最基本的经济活动主体是居民和企业。居民即一个个或者说一户户的人，企业即一个个生产者或者说供给者。研究单个经济单位的经济活动规律的科学被称为微观经济学。单个经济单位的经济活动或者行为包括：家庭（居民户）如何消费，如何以有限的收入来获取尽可能大的满足；单个企业（或者厂商）如何经营，如何以有限的资源投入（或者成本）来获取尽可能大的利润；单个生产要素所有者（劳动力、资本、土地等所有者）如何提供生产要素以获取尽可能多的收入。单个经济单位的经济行为涉及的经济变量包括供给量、需求量、价格、成本和利润等。在微观经济领域中，参与经济活动的单个经济单位主要就是上面所说的家庭和企业两大类。家庭一方面是企业所生产的产品的消费者或者购买者（需求者），另一方面是企业从事生产经营所需要的生产要素（劳动力、资本和土地等）的供给者（例如，工人出卖劳动力给企业，提供资金给企业，出租土地、厂房给企业）。企业则相反，它一方面是产品的生产者（供给者），另一方面是生产要素的需求者。微观经济学通过对这些单个经济单位的行为和单个经济变量的分析，一方面研究消费者（家庭）对各种产品的需求与生产者（企业）对这些产品的供给怎样决定各种产品的产销量和价格；另一方面也研究消费者（家庭）作为生产要素的供给者与企业作为生产要素的需求者的相互关系如何决定生产要素使用量及其价格（工资、利息、利润及租金等）。这些都涉及市场经济中的价格机制运行问题，因此，微观经济学也被称为市场价格理论。微观经济学理论主要包括消费者如何购买消费品的理论，企业如何生产产品的理论以及工资、利润、利息和租金是如何决定收入分配的理论。

与微观经济学不同，宏观经济学以整个社会经济或者国民经济活动作为考察对象，研究社会总体经济问题及相应的经济变量的总量如何决定以及这些总的经济变量间的相互关系。总体经济问题包括社会经济波动、经济增长、物价水平变动、国家财政收支、进出口贸易和国际收支等。总的经济变量包括 GDP、就业量、总消费支出、社会总储蓄和投资、物价指数、利率和汇率等。宏观经济学通过对这些宏观经济问题和宏观经济变量的研究来分析一国的国民收入、就业量和物价水平怎样决定，其中国民收入的决定和变动是一条主线，所以宏观经济学又被称为国民收入决定理论。例如，一个国家利率上升时，社会投资支出就会下降，经济增长也会相应放慢，通货膨胀率也会随之下降，而失业率可能上升。又如，一个国家汇率变动，比方说 1 单位本国货币能兑换更多外国货币，即本币升值时，出口可能下降，进口可能增加，这就会影响本国经济增长。这些问题都属于宏观经济学的研究范围。

微观经济学和宏观经济学是既有差别，又相互联系的。正如森林是由树木组成的一样，宏观经济总量也是由微观经济个量加总而成的。例如，如果每个家庭都增强了消费支出意愿，整个社会的消费支出水平就会提高。还要注意的是微观经济学和宏观经济学不是仅从概念上就可以区分清楚的。例如，价格、产出、消费、投资、供给和需求这些概念在微观经济学和宏观经济学中都有，但含义不一样。比方说，价格这个概念在微观经济学中指单个产品的价格，如猪肉每斤 15 元、大米每斤 3 元等，而宏观经济学中的价格指价格指数或物价水平。如果以 2018 年为基期，价格指数为 1；2019 年价格指数若为 1.03，或 103%，则表示 2019 年物价总水平比 2018 年上升了 3%。我们在报纸上总能见到某个时期消费物价同比上升多少，指的是与上年同期相比上升了多少。可见，一些经济变量在微观经济学中是指个量，而在宏观经济学中是指总量。

（1）微观经济学

微观经济学又被称为个体经济学、小经济学，是现代经济学的一个分支，主要以单个经济单位（单个生产者、单个消费者、单个市场经济活动）作为研究对象分析的一门学科。

微观经济学是研究社会中单个经济单位的经济行为，以及相应的经济变量的单项数值如何决定的经济学说；分析个体经济单位的经济行为，在此基础上，研究现代西方经济社会的市场机制运行及其在经济资源配置中的作用，并提出微观经济政策以纠正市场失灵；关心社会中的个人和各组织之间的交换过程，它研究的基本问题是资源配置的决定，其基本理论就是通过供求来决定相对价格的理论。所以微观经济学的主要范围包括消费者选择、厂商供给和收入分配。

微观经济学又被称为市场价格理论。讨论市场经济体制如何配置资源，要从分析商品、货币与价格开始。

①商品

现代市场经济社会的财富表现为一个庞大的商品堆积。人们吃的、穿的、用的和住的，几乎没有一样不是从市场上买来的商品。不仅工农业产品是商品，而且本来不是商品的许多东西，也都打上了商品的烙印，如婚姻中的门当户对，就有等价交换的商品关系味道。甚至一些心术不正的人，把手中权力也当作商品，搞权钱交易。什么是商品？一切用来交换的东西都是商品。商品并不一定要是实物，期货市场上期权交易的对象，就不是实物，只是一种在一定时间内买进卖出交易对象的权利。然而，经济学中所讲的商品，多半还是指用于交换的产品。这主要包括两大类：一类是像食品、衣服、设备、房子之类的物质产品，一类是像理发、旅游、演出之类的以及各种金融类的服务产品。这些商品有些是有形的，有些是无形的；有些是供人们直接消费的，有些是供作生产设备或原材料用的生产资料物品。

②货币

A. 货币的起源

人类交换物品，最初是物物交换，即人们拿手里消费不掉的产品去换自己需要的别人的产品。无论从性质还是从数量上看，这种物物交换都有很大问题或者说矛盾。

从交换物品的性质或品种看，如果有人想用一头羊去换自己需要的鞋，但有鞋的人不要羊而要弓箭，这样交易就做不成。在这种情况下，需要用羊换鞋的人先得去找一个愿换出弓箭的人。但如果换出弓箭的人也不要鞋，而要别的物品，那么交换就要更费周折才能成功。

除了上述交换物品能否正好是双方所需要的物品这一矛盾，还有一个交换物品数量或者说比例上的矛盾。仍拿上例来说，即使有鞋的人也正好要羊，但有羊的人认为这头羊至少应换四双鞋，但愿换出鞋的人不要整头羊，他只要半头羊的肉足够了。这样，交换又做不成，因为羊和鞋在数量上难以分割，交易就无法讨价还价达成。

怎么办？人们逐渐从千万次交换实践中认识到，如果市场上能有某种物品不仅大家乐意接受，而且数量上比较容易分割，又不易很快变质，那么就可以把自己要交换出去的物品先换成一定数量的这种物品，然后再用这种物品完成交换目的。这种物品在商品世界里游离出来充当交换的媒介物，这就是一般等价物。这种等价物一开始往往带有地方性。有地方是牲畜，有地方是布，有地方是贝壳等。其中，布和贝壳较多，因为牲畜难以分割。汉字中"货币"二字的"货"下有"贝"，"币"下有"巾"（即布），就与此有关。

交换媒介物演变到最后，固定到贵金属金银身上，因为金银具有充当一般等价物的诸多优点，如不管如何分割质地不变，小体积中包含大量价值且便于保存等。长期以来，金银一直充当货币，以至于后来纸币流通后，人们习惯上仍把货币称作金钱。今天，银行、奖金、金额等这些称呼仍有"金"或"银"字，也是这个道理。

从货币起源中可知，金银本来也是普通商品，但后来独占了充当交易中介的位置，最终成了货币。货币成为财富的代表，任何人手上只要有了货币，就可以买到一切商品。货币成了商品世界中至高无上的权威，甚至有了"钱能通神""有钱能使鬼推磨"的说法。

B. 货币的职能

货币充当商品交换媒介，是货币的流通手段职能。纸币就是从这个职能中产生的。由于卖出商品的人的最终目的并非获得货币，而是为了用货币去购买另一种商品，因此卖者关心的不是换进的货币是否足值，而是能否用这些货币购买到相应价值的另一种商品，于是，金银货币由具有价值符号的纸币代替也就有了可能。纸币是由国家发行的强制使用的价值符号，国内公民可用它来依法纳税、购买商品，任何人不得拒绝，故纸币又被称为法币。纸币的流通为通货膨胀埋下了种子。

货币要能成为流通手段，首先必须成为衡量其他一切商品价值大小的尺度，否则商品等价交易就不可能。金银货币之所以具有价值尺度职能，是因为它本身有价值，就像尺子本身有长度，才可用来丈量其他物品长度。商品价值又是指什么呢？通常认为是商品生产时花费的劳动，但也有人不赞成这种理论，因为不少没有花费劳动生产的东西也有价值。这一点现在不去讨论，而只要懂得，商品价值用货币来表现时，就成为商品价格。一种商品和另一种商品交换的比例，被称为商品的交换价值。价格实际上就是交换价值的货币形式。

我们知道，尺子要作为丈量工具，本身要规定多长作为一寸、一尺、一丈等的标准。同样，货币要作为价值尺度，用于衡量商品的价值数量，就要求货币自身有一个确定的计量单位作为货币单位，这种计量单位称为价格标准。如美国货币中的美元、美分，我国人民币中的元、角、分等，就都是价格标准。有了这种价格标准，就可以说商品值多少钱了。

除了上述这些职能，货币还可以作为财富的一般代表被储藏起来，亦即作为贮藏手段。但这必须是金银货币，纸币放在家里经过几年物价上升会大大贬值。纸币要作为储藏手段，必须放在银行里作为有息存款，但要利息水平超过通货膨胀水平。

此外，货币还可以用来缴纳租金及税款、发放工资等，即执行所谓支付手段职能。以上种职能中，最基本的是流通手段和价值尺度，而且这两大职能是相互联系的：因为要做流通手段，所以必须要能做价值尺度，做价值尺度正是为了当好交易中介。不管货币形式如何从金属货币到纸币，再到完全是信息符号的货币，这两大职能不变。

货币的出现，大大方便了商品交换，降低了交易中的麻烦和成本，从此以后，物物交换变成了商品流通。

③价格

价格指单位货物或服务的价值，其水平由市场供需关系决定。即价格是单位价值（单价）。价格是商品的交换价值在流通过程中所取得的转化形式。在经济学及营商的过程中，价格是一项以货币为表现形式，为商品、服务及资产所订立的价值数字。在微观经济学之中，资源在需求和供应者之间重新分配的过程中，价格是重要的变数之一。

价格的作用是商品交换规律作用的表现，是价格实现自身功能时对市场经济运行所产生的效果，是价格的基本职能的外化。在市场经济中，价格的作用主要体现为以下几方面。

A.价格是商品供求关系变化的指示器

借助于价格，可以不断地调整企业的生产经营决策，调节资源的配置方向，促进社会总供给和社会总需求的平衡。在市场上，借助于价格，可以直接向企业传递市场供求的信息，各企业根据市场价格信号组织生产经营。与此同时，价格的水平又决定着价值的实现程度，是市场上商品销售状况的重要标志。

B.价格水平与市场需求量的变化密切相关

一般来说，在消费水平一定的情况下，市场上某种商品的价格越高，消费者对这种商品的需求量就越小；反之，商品价格越低，消费者对它的需求量也就越大。而当市场上这种商品的价格过高时，消费者也就可能做出少买或不买这种商品，或者购买其他商品替代这种商品的决定。因此，价格水平的变动起着改变消费者需求量、需求方向以及需求结构的作用。

C.价格是实现国家宏观调控的一个重要手段

价格所显示的供求关系变化的信号系统，为国家宏观调控提供了信息。一般来说，当某种商品的价格变动幅度预示着这种商品有缺口时，国家就可以利用利率、工资、税收等经济杠杆，鼓励和诱导这种商品生产规模的增加或缩减，从而调节商品的供求平衡。价格还为国家调节和控制那些只靠市场力量无法使供求趋于平衡的商品生产提供了信息，使国家能够较为准确地干预市场经济活动，在一定程度上避免由市场自发调节带来的经济运行的不稳定，或减少经济运行过程的不稳定因素，使市场供求大体趋于平衡。

④价值

如果商品价格是商品价值的货币表现，那么，价值又是什么决定的呢？对此，经济学家主要有两种观点：一种观点认为由生产成本决定。这里成本是指生产商品时各种人力物力消耗。生产任何商品都要使用劳动力、机械设备和原材料等各种生产要素，为使用这些生产要素都得支付费用，这就是生产成本。生产出来的商品价格必须能补偿这些成本，还要加上必要的利润，否则生产者就要退出生产。因此，价值是由生产成本决定的。这就是所谓成本价值论。

另一种观点认为，商品价值由商品的效用决定。这里的效用既指商品给人们提供的用处，也指人们对于所购商品对自己福利重要性的评价。前者可被称为客观效用论，后者可被称为主观效用论。效用的这两种不同解释之间是有联系的。不管何种说法，商品要能卖出去，必须有效用，效用大，人们就认为价值大，所谓"物有所值"以及"性价比如何"，就是这个意思。这种观点可被称为效用价值论。认真分析一下可以发觉，这两种观点中所讲"价值"，其实还是指价格，是供求均衡价格。市场经济是货币作交换媒介的经济。商品交换以货币作中介后，交换就分裂成商品—货币—商品，即卖与买两个阶段。卖是商品供给，买是商品需求。商品买卖就成为供求双方的行为。卖者即商品供给者或生产者，买者即商品需求者或购买者。商品买卖时生产者为出售一定数量商品所要求的价格被称为供给价格。尽管生产者或者说供给者、出卖者，总希望卖价越高越好，至少要能补偿生产成本并加上适当利润，因此说生产成本决定价格是合理的，但这个"价格"是指供给价格。商品买卖中购买者为购买一定数量商品所愿支付的价格被称为需求价格。尽管购买者或者说需求者总希望价格越低越好，至多不能超过所购物品能给自己带来效用的估价，否则就不愿购买。这就是说要让需求者感觉"物有所值"，"性价比是合理的"。因此说，价格由效用决定也是合理的，但这个"价格"是指"需求价格"。所谓讨价还价，实际上就是需求价格和供给价格的较量，较量结果为形成一个双方都能接受的价格，这就是供求均衡价格。通常说的市场价值，实际就指这个均衡价格。

（2）宏观经济学

宏观经济学是使用国民收入、经济整体的投资和消费等总体性的统计概念来分析经济运行规律的一个经济学领域。宏观经济学是相对于微观经济学而言的。宏观经济学，是以国民经济总过程的活动为研究对象，主要考察就业总水平、国民总收入等经济总量，因此，宏观经济学也被称作就业理论或收入理论。宏观经济学研究的是经济资源的利用问题，包括国民收入决定理论、就业理论、通货膨胀理论、经济周期理论、经济增长理论、财政与货币政策。宏观经济学讨论的价格问题是一般价格水平，而不是个别产品的价格问题。按照前面讲的"国民收入决定论"，一般价格水平主要取决于总需求水平。然而，总需求水平的变动一方面影响着货币的供求，另一方面也受货币供求变动的巨大影响。所以，货币分析在宏观经济学中具有重要的地位。

宏观经济学重视对货币供求的分析，不仅在于可通过对货币供给、利息率的调节去影响总需求，而且在于货币供给的变动与总的物价水平有着密切的关系。

许多宏观经济学著作者认为传统货币数量说过于粗糙，他们把货币数量说的基本观点跟收入决定论的基本观点联系起来，在经济达到充分就业的水平以前，货币供给增加的主要影响将表现在扩大有效需求、增加生产（或收入）上，对价格水平的影响很小；只有当经济达到充分就业水平之后，这时闲置设备已全部使用，若再增加货币供给，已不能再促使产量增加，而只会产生过度需求，形成通货膨胀缺口，导致物价水平不断上升，酿成真正的通货膨胀。

这就是货币分析与收入分析相结合的一个重要表现。这种分析表明，不仅政府开支和税收的变动，而且货币供给量的变动，都会对总需求水平（投资需求和消费需求）产生影响。这就为政府主要通过财政政策和货币政策对国民经济的活动进行干预提供了理论依据。

①财政政策

宏观经济学指出，政府应该而且也能够通过运用财政政策、货币政策等手段，对总需求进行调节，平抑周期性经济波动，既克服经济衰退，又避免通货膨胀，以实现充分就业均衡或没有通货膨胀的充分就业。

财政政策和货币政策的运用，是相互配合、支持的；但在经济萧条、通货膨胀等不同时期或条件下，二者将采取扩张性或紧缩性的不同对策。

例如在萧条时期，采取扩张性的财政政策和货币政策。在财政政策方面，主要措施是减税和扩大政府的开支。减税可以使公司和个人的纳税后收入增加，从而刺激企业扩大投资和刺激个人增加消费；而投资需求和消费需求的扩张将导致总需求增长，以克服经济萧条。

扩大政府开支，主要是扩大政府的购买或订货，增加公共工程经费和扩大转移支付，目的是通过扩大公私消费，以刺激投资。这种扩张性财政政策势必导致财政赤字。根据凯恩斯的有效需求学说，经济的常态是一种小于充分就业的均衡。因而扩张性的赤字预算，也就成了战后西方国家政府的常备政策工具。

②货币政策

在货币政策方面，主要措施是扩大货币供给量和降低利息率。这些措施包括：在公开市场上购进政府债券，把更多的准备金注入商业银行。商业银行的准备金增加后，就可扩大对企业和个人的贷款，从而扩大货币供给量，降低贴现率，刺激投资，从而增加总需求。

通货膨胀时期，采取紧缩性的财政政策和货币政策。不论是财政政策还是货币政策，依然运用上面所介绍的那些政策工具，只是朝着和上述相反的方向，即按照紧缩性方式而不是按扩张性方式来加以运用。西方经济学界开始企图用供给分析来补充需求分析的不足，在宏观经济分析中探讨微观经济基础，出现了一种供给分析与需求分析相综合、微观分析与宏观分析相结合的新动向。

宏观经济学建议采用适当的财政政策、货币政策、汇率政策，以及建立独立的中央银行等手段，以控制和解决通货膨胀问题。

宏观经济学首先关注一国的经济增长，经济增长指的是一国生产潜力的增长。一国生产潜力的增长是决定其实际工资和生活水平增长率的关键因素。

3.经济学的研究对象

经济学研究什么？研究人类配置和开发稀缺资源以不断满足自己的欲望。

人是万物之灵。人具有追求幸福、发展自己的欲望，这是人们进行一切活动的最终目的，因此一切要以人为本。人和动物的根本区别在于人进行的任何活动都是有目的的，而动物的活动都只是出于本能。因此，最蹩脚的建筑师也比最聪明的蜜蜂要强得多，因为建筑师在造房子前已经有了一个蓝图，而蜜蜂筑巢只是一种本能活动。人活动的目的，不管是直接的还是间接的，最终都是追求幸福，满足欲望。

人类追求幸福的欲望是无止境的。一种欲望满足了，又会产生另一种更高、更大的欲望。例如，吃饱穿暖了，又想吃得更好、穿得更好，还想获得安全，要求公平正义、受人尊重等。所有欲望的满足都需要一定的手段，也就是物品和服务。这些物品，极少数可能无须通过人的努力就可取得，如阳光、空气，传统上可被称为"自由物品"，而绝大多数必须借助生产资源通过人类劳动制造出来。凡是需要人付出代价才能取得的物品均被称为"经济物品"。

相对于人的无穷无尽的欲望而言，"经济物品"以及生产这些物品的资源总是不足的，这就是稀缺性。这里所说的稀缺性，不是指物品和资源绝对数量的多少，而是相对于人的欲望无限性来说，最多的物品和资源也是不足的。可见，稀缺性总是相对意义上的。贫困的人的生活资料固然稀缺，亿万富翁也会感到有的东西稀缺，至少他们一天只有 24 小时可供享受，时间对他们来说就是稀缺的。旧中国时代千百万困苦大众生活在饥寒交迫中是稀缺，新中国建立后的二十多年中广大群众仍缺吃少穿也是稀缺。改革开放后中国经济有了巨大发展，是否就没有"稀缺"问题了呢？当然不是，否则就没有必要提实现中华民族伟大复兴的"中国梦"了。总而言之，稀缺性问题是一直会存在的。

经济资源是稀缺的，便产生了如何有效地利用经济资源来生产物品以最大限度地满足人类欲望的选择问题。选择问题包括以下几个。

（1）生产什么（what）物品和劳务以及生产多少（how much）？

（2）如何（how）生产？

（3）为谁（for whom）生产？

（4）现在生产还是将来（when）生产？

这些问题被认为是人类社会共有的基本经济问题，经济学正是为解决这些问题而产生的。

稀缺性永远存在，但稀缺性会改善，因为人有着创造产品以及发现可利用资源的能力。这种能力既来自科学技术的不断进步，也来自社会制度的不断改进。科学技术进步会使许多新的经济物品被创造出来。例如，古代没有电灯、电话、飞机、火车，现代人都享受到了，这是科技进步的结果，而交换和贸易促进了分工和劳动生产率提高，大大增加了可享受的物品，则是制度改进的结果。

研究人类如何配置稀缺资源以及开发产品和资源以不断满足自己的欲望，就是经济学的对象。经济学研究的也是人们的经济利益问题，如果不存在资源稀缺性，就不会存在人们的经济利益问题了。

4. 微观经济学与宏观经济学的联系与区别

（1）微观经济学与宏观经济学的区别

①资源配置——微观经济学的研究范畴

微观经济学的研究对象是个体经济单位，分析单个厂商如何实现利润最大化，单个消费者如何实现效用最大化，是对相对稀缺的资源在各种不同用途上加以比较做出的选择。例如，单个商品的效用、供求量、价格等如何决定；单个企业的各种生产要素的投入量、产出量、成本、收益和利润等如何决定，以及这些量之间的关系。

②资源利用——宏观经济学研究范畴

宏观经济学描述社会经济活动的总图景，分析影响就业和经济增长的总量以及相互关系，即人类社会如何更好地利用现有的稀缺资源，使之生产出更多的物品。例如，社会总供求、均衡的国民收入、总就业量、物价水平、经济增长率等如何决定；总消费、总储蓄、总投资、货币供求量、利率、汇率等如何决定，以及它们的相互依存关系。

（2）微观经济学与宏观经济学的联系

①微观经济学和宏观经济学互为补充。微观经济学是在资源总量既定的条件下，通过研究个体经济活动参与者的经济行为及其后果来说明市场机制如何实现各种资源的最优配置。宏观经济学则是在资源配置方式既定的条件下研究经济中各种有关总量的决定及其变化。

②微观经济学是宏观经济学的研究基础。任何总体总是由个体组成的，对总体行为的分析自然也离不开对个体行为的分析。

③微观经济学和宏观经济学都采用了供求均衡分析的方法。微观经济学通过D-S模型决定产品市场的均衡价格和均衡数量，宏观经济学则通过AD-AS模型研究经济社会的一般价格水平和产出水平。

（三）审计学

1. 审计学的含义

由于早期财务审计是以审查会计账目、报表为对象的，故名之曰"听其会计""逆其会计"或"查账"，所以有人把审计纳入广义会计学的一个分支，即会计核算、会计分析和会计检查。因而认为审计对象就是会计，没有会计就没有审计，审计与会计是孪生兄弟。

随着审计实践的产生，在奴隶社会和封建社会就有了审计理论的萌芽，由于当时生产力发展缓慢和审计实践的单一，那时的审计理论也不过是一些零星的、不系统的审计思想。随着商品经济的高速发展和审计实践经验的日益丰富，到了资本主义发达时期，财务审计理论得到不断完善。

19 世纪后期，英国就出现了审计理论专著；20 世纪初，美国出现了资产负债表审计理论；到了 20 世纪 30 年代，又出现了财务报表审计理论。尽管这些都属于描述性的审计理论，但已具有系统、全面及深刻的特征，对审计实践有针对性的指导作用。在第二次世界大战后，随着科学技术的迅速发展，产生了现代审计理论并得到迅速发展，如出现了抽样审计、内部控制审计、电算系统审计、经营审计、管理审计、绩效审计等理论，特别突出的是出现了一批规范式的审计理论名著，如《审计理论结论》《基本审计概念说明》和《审计理论》等。描述式审计理论扩大，规范式审计理论诞生，以及边缘审计学萌芽，是现代审计理论阶段的显著特点。

审计学发展至今已成为一门具有综合性的应用科学。审计学课程以管理学为基础，融合经济学、法学、理学和哲学的相关领域，通过讲授审计基本理论、审计流程、审计实务等内容，帮助学生利用审计技术对社会经济行为进行分析。目前开设审计专业的高校审计课程体系一般包括审计学（原理）、内部控制或公司治理、审计实务和审计实验（课程设计）、毕业论文等课程，未开设审计专业的高校审计课程体系一般包括审计学、审计实务或审计实验两门课程；它不仅具有很强的理论性，而且还具有实践性和技术性。理论性主要表现为审计学探讨和研究审计活动规律及其应用，对审计实践进行了高度概括和科学总结；实践性主要表现为审计学可以应用于审计实践之中，指导审计工作，并有明显的经济和社会效果；技术性主要表现为审计学吸纳了各种科学成果，为审计活动提供了各种科学技术方法和手段。审计学是一门内容丰富、理论与实务紧密结合的综合性课程。

2. 审计学的培养目标

审计学专业培养具备管理、经济、法律、会计和审计等方面的知识和能力，能在国家审计机关、部门及各单位内部的审计机构和社会审计组织从事审计工作以及在学校、研究单位从事教学和研究工作的德才兼备的高级专门人才。

（1）以社会需求为导向的培养目标

随着国际国内经济形势的不断变化，用人单位对各类专门人才的知识结构、能力素质要求越来越高，而大学本科期间学生所学专业知识比较有限，实践经验也比较匮乏，就业压力越来越大。面对日益严峻的就业形势，高校应如何应对？时任教育部长袁贵仁在教育部 2009 年 11 月 20 日召开的 2010 年全国普通高校毕业生就业工作视频会议上发出了这样的信息："要以社会需求为导向，推动新一轮高等教育改革。各类院校都要合理定位，努力形成自己的办学理念和风格，在不同层次、不同领域办出特色、争创一流。"看来，高校认清形势，认真分析社会人才需求特点，自身合理定位，调整各专业培养目标是迎接新一轮高等教育改革的首要任务。

从近年来会计专业学生就业情况看，由于学生的实用性——能力不够，求职时屡屡被用人单位拒之门外，而已就业的职业定位主要是工商企业、会计师事务所、证券、金融、保险业企业的会计、审计、投资等部门一般管理人员，很少有人直接从事教学、科研工作。一方面，培养目标未明确培养人才的类型为应用型专门人才；另一方面，会计专业教育的主要任务就是培养具有较为扎实的基础理论和专业知识、具备较强动手能力与一定创新意识的专门人才，达到"高级管理人才"的层次则还需经过多样化的后续教育及社会这个大"熔炉"的千锤百炼。所以会计专业的培养目标定位于"培养具备管理、经济、法律、理财和金融等方面的知识和能力，能在工商、金融企业、事业单位及政府部门从事财务、金融管理以及教学、科研方面的工商管理学科高级管理人才"则显得尤为重要。

（2）以学生实践能力为重点的培养目标

审计学是会计专业开设的一门专业课程，服务于会计专业。审计学课程的培养目标应突出对学生实践能力的培养。目前开设会计专业的高校审计课程体系一般包括审计学（原理）、内部控制或公司治理、审计实务和审计实验（课程设计）、毕业论文等课程，一些高校审计课程体系一般包括审计学、审计实务或审计实验两门课程，且审计学一般在 54～72 个学时。从教学实际效果看，较短学时的审计学很难兼顾审计理论和审计实务。相关数据显示，已修完会计学、审计学等主要专业课程的会计专业学生，审计实务能力依然相对较差，主要原因不是相关专业课程的理论知识缺乏，而是实践教学环节效果不好或缺乏必要的实践教学环节，能力的培养手段不多。所以，增开审计实验课，且如果能将会计电算化、会计课程设计和审计实验有机串联，对培养学生的审计实务能力是很有帮助的。

二、会计教学的目标

（一）目标的概念

目标，指的是射击、攻击或寻求的对象，也指想要达到的境地或标准。目标是对活动预期结果的主观设想，是在头脑中形成的一种主观意识，也是活动的预期目的，为活动指明方向。其具有维系组织各个方面关系、构成系统组织方向核心的作用。

任何实践活动都有鲜明的目标，或者说没有鲜明目标的实践活动都将归于失败。目标既是实践活动的出发点，又是实践活动的最终归宿。一旦有了明确的目标，实践活动的目的性便会生动地表现出来，走向成功的概率也随之提高。

学校教育是一种以培养人与改造人为己任的实践活动，当然有其鲜明的目标。这一点，在我国古代就已形成共识。儒家经典著作之一的《大学》，下笔便开宗明义地提出："大学之道，在明明德，在亲民，在止于至善。"其中，提到的"明明德""亲民""止于至善"，便是学校教育的三大基本目标。同时其也就学校教育的目标进行了具体阐述，明确指出学校教育具有八大基本目标："格物、致知、诚意、正心、修身、齐家、治国、平天下。"到了今天，我们的学校教育目标便被明确地界定为："使受教育者在德、智、体、美、劳等方面得到全面发展。"当然，这些教育目标的说法，都是针对学校整体教育而言的，并没有区分出大、中、小学的不同，也没有考虑各门学科教学的差别，也就是说，无论大、中、小学，也无论是何种学科，其教育教学的目标从整体上说都是一致的。但是，大、中、小学的教育与教学，由于学生对象的年龄与心智不同，其培养目标也应该有所区别；各门学科的教学，由于其性质与内容有明显不同，其教学目标也应该有所区别。也就是说，尽管都可以概述为"使受教育者在德、智、体、美、劳等方面得到全面发展"，但是其德、智、体、美、劳的具体内含与发展程度是有所区别的。我们这里研究的会计教学的基本目标，首先属于大学教育的一个组成部分，应该体现大学教育的整体目标，与中、小学教育的整体目标有明显区别；其次属于会计学科的教学目标，应该表现出与其他学科教学目标的区别，而具有自己鲜明的特色。

大学教育不是基础教育，而是一种职业技能教育。大学的任何专业都是为培养这个特定专业所需要的人才服务的。在经济生活中，既然存在着会计这样一种工作，就需要专门人员去从事这个工作，于是会计便成为一种职业。任何人想要从事会计职业的工作，都必须具备会计职业的工作技能。而要想获得这种会计职业的工作技能，除了接受会计专业的教育与从事会计实践工作以外别无他法。这样一来，大学的会计专业应运而生。所以，会计教学的基本目标应该是提高学生的综合能力。其中，主要是提高学生的会计职业技能，使其成为一位合格的、在不断变化的会计环境中能够胜任会计工作的从业者。教育部"面向 21 世纪会计学类系列课程及其教学内容改革的研究"北方课题组负责人阎达五与王化成站在会计教育的角度将会计教育的培养目标界定为："培养具有较强的市场经济意识和社会适应能力，具有较为宽广的经济和财会理论基础，以及相关学科的原理性知识，具备较好地从事会计、审计、理财及其他相关经济管理工作的具有一定专业技能的高素质人才。"应该肯定的是，这个界定是比较理性与全面的。

长期以来，人们都在思考与讨论一个问题：大学教育到底是"通才"教育还是"专才"教育？有人认为是"通才"教育，大学要使大学生博古通今，文理兼通；有人则认为是"专才"教育，大学要使大学生经世致用，专务职业。其实，"通"也好，"专"也好，应该是互相结合，而不是互不相容的。就大学生个人而言，应该是既"专"且"通"。不"专"，他便难以胜任本职工作；不"通"，他则难以左右逢源、开拓创新、发展提高。但是，"专"是基础，"通"是发展，"专"是基本要求，"通"是高要求，所以在既"专"且"通"的同时，又要先"专"后"通"。就大学而言，应该首先是"专才"教育，其次才是"通才"教育。大学是培养专门人才的地方，因此大学教育首先是"专才"教育。但是，大学里所训练的职业技能不同于以体力劳动为主要成分的职业技能，而是一种以脑力劳动为主要成分的职业技能，它要求所培养的人才，既能胜任这种职业，又能出谋划策，参与管理，即具备综合素养。因此，大学教育在做好"专才"教育工作的同时，还必须锻炼学生的综合素养，体现"通才"教育的特色。这表明，大学教育，包括会计教育，既是一种"专才"教育，也是一种"通才"教育；大学教育的目标，包括会计教育的目标，不是单一的，而是存在着一定结构的复合体。

（二）会计教学目标确定的依据

从教育目标到教学目标，存在着一种结构性的转换。教育目标可以借助课程设置、教材编写、教学组织、实践训练、活动开展等途径而得以实现；教学目标则只能借助教学组织去实现。可见，教育目标大于教学目标，也包括教学目标。必须指出，会计的教学目标与教育目标是相关和一致的，而且只有借助教学目标的实现才能最终保证教育目标的实现。由此可见，前面所引用的表述，又可以用来作为分析会计教学目标的依据。

任何学科的教学都是教师教学生的一种活动。在某门学科的教学活动中，学生总是学习的主体，而教师则总是为学生的学习服务的。教师的教，实际上是一种服务。这种服务，既包括介绍与引导，也包括训练与扶持，还包括评价与纠错，其核心总是指向学生的学习。探讨会计教学的基本目标要站在会计教学的教师角度进行，目的在于帮助会计专业的教师明确自己所从事的教学活动的目标，但是这个目标从何而来，则是由学生的学习决定的。

所以，大学生学习会计课程的目标便成了我们分析会计教学目标的依据。会计是一项技术性很强的管理活动，涉及许多专门方法和各项会计准则，而这些方法与准则又是随着经济的发展而不断变化的。这说明，会计职业所必须具备的专业技能并不是一成不变的，从事会计工作的人员必须不断地学习新知识，掌握新的会计方法，才能在新的会计环境中立足，才能跟上经济发展的步伐。这一点，在我国目前表现得尤为突出。近年来，随着国内外经济环境与国际经济关系的不断变化，国家经济政策也不断进行调整，这带来的是经济业务呈现出多样性。在科技发展日新月异的今天，新技术正在不断改变原有的经济业务模式与业务开展方法，这使经济业务越来越呈现出快速的创新性。这就要求从事经济管理的人员必须不断学习提高，才能应对这些变化与创新。知识经济也给会计工作带来了巨大的冲击和影响，要求会计人员必须跟上这个进程。如果墨守成规，不能跟进，而只会机械地从事传统会计的确认、计量、记录、报告等，那么在面临新的会计环境时，就会不知所措，难以发挥会计应有的职能。因此，对于会计人员而言，具备一种不断适应经济变化的能力，是一种基本的需求。那么，作为培养会计人才的会计教学，自然也应该将培养这种适应能力作为基本的目标。所以，经济不断发展的现状、经济法规逐渐完善的现实、知识经济使会计面临的新的环境，也就自然而然成为我们确定会计教学目标的依据。

会计作为一种技术很强的管理活动，既是一种与账目数字打交道的人与物的交流活动，也是一种与人打交道的人与人交流的活动。与人打交道，会计工作便具有了一定的人文色彩。而且，从事会计工作的人员，本身也是一个可变的因素，其道德、心灵、人格的修养也具有明显的人文色彩。能不能与相关部门的职员互相协作实现良性互动，能不能与其他同事良好相处共同完成会计管理的任务，也是会计人员综合素养的具体表现。因此，从人的角度来考虑个人的发展、表现与人际适应能力，也应该成为我们确立会计教学目标的依据。

（三）会计教学的基本目标

1. 会计专业教养目标

具体来说，会计专业教学的教养目标到底包括哪些知识与能力呢？下面将从这两方面展开论述。

（1）知识

知识是符合文明方向的，是人类对物质世界以及精神世界探索的结果的总和。知识这一词至今也没有一个统一而明确的界定。但是，知识的价值判断标准在于实用性，以能否让人类创造新物质、得到力量和权力等为考量。会计专业知识，是非常宽泛的。从整体上看，它属于会计的专业知识，具有区别于其他专业知识的完整体系，形成了一个相对完备的自足系统。展开来分析，会计的专业知识又是由会计的前提性知识、会计的基础性知识与会计的专门性知识三个部分所构成的。

首先，会计的前提性知识指的是会计工作的环境因素能够对会计人员进行影响与制约而形成的静态知识，它通常以条规的形式与物化的形式出现。具体来说，它包括会计法规知识与会计主体（包括各类组织和企业）知识两大类。在会计法规方面，如颁布的会计法、企业会计制度与会计准则等，均属于会计法规知识。它们是每一个会计人员处理经济业务时必须了解的内容，具有强制性和权威性，必须牢牢掌握，所以属于会计人员从事会计工作所必须掌握的前提性知识。在会计主体方面，如政府与事业单位、工商企业，均有各自的特点与会计核算组织程序，对会计人员开展会计工作也有各自特殊的要求。它们也是会计人员处理经济业务的同时必须了解的内容，同样也属于前提性知识。这样的知识，渗透于会计专业课程的许多具体章节之中，因此会计教师有责任通过自己的教学，让大学生牢固掌握。

其次，会计的基础性知识指的是会计人员从事会计工作必须具备的与专业相关的原理性知识。它包括会计历史知识、经济管理知识、数理统计知识等。这些知识虽然不直接与会计专业能力相关联，却随时影响与制约着会计人员的素质与会计工作的质量，在会计专业课程的教学内容里，也随处渗透着这些方面的知识，所以从事会计专业课程教学的教师有义务让学生在教学中掌握这些知识。

最后，会计的专门性知识指的是与会计工作直接相关的知识，或者说是会计人员所必须掌握的职业知识。它包括会计知识与审计知识两大类，具体包含会计科目、会计账户与借贷记账法、会计凭证、会计账簿与账务处理程序、会计各要素的核算方法、成本核算方法、财务管理原理、审计基础知识、会计信息化知识等。这些知识是会计人员从事会计工作时非具备不可的，也是与会计工作直接相关联的。会计专业课程的大部分内容都包含这些专门性知识，而且不管大学生将来是从事会计工作还是从事审计工作，都不能不掌握这些知识。会计教师在教学之中，让大学生牢牢掌握这些知识，便成了一种核心的任务，也可以说是一种核心的目标。

（2）能力

能力是完成一项目标或者任务所体现出来的综合素质。人们在完成活动中表现出来的能力有所不同，能力是直接影响活动效率，并使活动顺利完成的个性心理特征。能力总是和人完成一定的实践任务联系在一起，离开了具体实践既不能表现人的能力，也不能发展人的能力。会计能力，即会计人员在处理会计事项时所表现出来的熟练程度与有效程度。应该说，会计能力是一个由多方面因素构成的综合体。会计能力与会计知识不同，其需要的是训练与运用。也就是说，会计知识着眼于了解、理解与巩固，强调熟知与记忆，而会计能力着眼的则是运用，强调反复训练与操作，注重的是熟练性与有效性。由于会计信息系统是对数据按一定程序进行加工、鉴别、传递、生成信息的系统，而实施这个系统必须要有三个步骤，即会计数据的记录与核算、会计数据的鉴别与使用、会计数据的归纳与分析，所以，在处理会计信息的过程中，需要会计人员具备三大基本能力，才能胜任会计工作。这三大基本能力便是会计数据的记录与核算能力、会计数据的鉴别与使用能力和会计数据的归纳与分析能力。同时，这三大基本能力也是大学中会计专业课程教学所要培养的职业能力，属于我们所说的"教养目标"的具体成分。

首先，会计数据的记录与核算能力指的是在会计信息系统过程中输入经济业务数据并进行核算的能力。处理经济业务数据是会计部门的基本职责，也是会计人员必须具备的基本能力，主要包括会计核算基础能力和财务会计核算能力。

其次，会计数据的鉴别与使用能力，指的是对会计数据进行分类、排序、汇总、鉴证，并在管理过程中使用这些数据的能力。

最后，会计数据的归纳与分析能力，指的是在会计报表的基础上对会计数据进行汇总与分析，并生成会计信息的能力。

会计专业课程的教学应该以培养学生的这几种能力为己任。

2. 会计人格教育目标

学校是培养人、改变人、塑造人的地方。一个学生，来到学校里，不仅可以通过学习知识获得能力、取得长进，而且可以塑造心灵、完善思想、健全人格、获得培养。如果把学校仅仅看成传授知识与训练能力的地方，而全然不顾陶冶学生的情操，那么学校培养出来的便只能是一些以追求功利目的为己任的行尸走肉，从而使学校教育最终丧失其应有的育人意义。人之所以为人，是区别于行尸走肉的。人，有思想、有道德、有理想、有情操、有审美观、有价值观、有人生观、有世界观。所有这一切，并不是每个人一开始就有的，也不是在进入学校之前就已经具备的；每一个人只有在接受教育的过程中，才能逐渐具备。同时，人又是群居与交际的动物，每一个人都离不开其他人，都必须与其他人打交道。人类的群居构成了社会分工，也构成了社会秩序。每个人在这个群居的社会里各司其职，共同遵守社会秩序，然后互相尊重，互相依赖，互相服务，形成一个紧密联系、丰富多彩的世界。每一个人，要想生活得更好，除了在竞争中努力之外，不能以破坏社会秩序和牺牲他人利益为代价。因此，对个人来说，教养是一回事，教育是另一回事，而教养与教育是不可分割的。任何一个人，通过形成教养，获得的是谋生的能力，而通过获得教育，则可以赢得他人的尊重，使自身成为一个健全的人。所以，任何学校，在帮助学生形成教养的同时，必须促使学生获得良好的教育。就大学来说，其培养的是高素质人员，所以更应该在培养大学生的专业知识与职业能力的同时，使大学生接受最优质的人格教育。会计专业所培养的大学生，将来都是直接参与经济管理工作的，并且与金钱和物质打交道的机会较多，如果为了使自身的生活更优裕而任由自己的贪欲膨胀，使自己成为金钱与物质的奴隶，那么就有可能贪赃枉法，沦为罪人。在市场经济时代，部门利益、单位利益与个人利益直接挂钩，如果会计人员把握不准，利用自己的职权与对业务的熟知，篡改账目、提供虚假信息、欺骗信息使用者、损害国家与他人利益，最终会被法律所不容。另外，如果会计人员不能与其他人员良好相处，互相配合，为领导出谋划策，那么应该发挥的才干和为单位应该做出的贡献，也难以体现出来。而这一切后果的产生，均与会计人员的专业教养无关，却直接与其接受的人格教育相联系。可见，教育目标与教养目标同样重要，并且缺一不可。

具体来说，会计教学的人格教育目标到底包括哪些特殊因素？这可以从会计人员所需具备的工作态度、职业道德与合作精神三个方面分别进行阐述。

第一，任何工作都有其相应的工作态度。会计工作，由于其工作内容与性质的决定性影响，对会计人员的工作态度有特殊的要求。它要求会计人员既认真细致，又求真务实。所谓认真细致，就是要求会计人员对会计账目中的任何数据都认真对待，保证一切会计数据处理都没有丝毫差错，即从会计数据的记录核算，到鉴别使用，再到归纳分析，每一环节都准确无误。会计人员必须比其他职业的工作人员更细心，更冷静，更有条不紊。写错一个数字，算错一个数据，记错一个数目，登错一个账目，都有可能造成重大损失，所以马虎不得。所谓求真务实，就是要求会计人员处理账目时不受外界因素的干扰，严格依规章制度办事，确保会计信息的真实性与客观性。会计人员处理经济业务时，都必须准确真实。例如，面对报销账目的人员，无论是顶头上司，还是普通职员，都应该一视同仁，实事求是，按原则办事。对会计人员来说，不认真细致便可能做糊涂账，不求真务实便可能做人情账，而无论哪种结果，对会计人员自身来说，最终都毫无益处，甚至会惹祸上身。为了强调这两大人格因素，我们的会计教师应该在自己的教学中随时加以引导。在会计专业课程的教学中，教师既要正面强调认真细致与求真务实的必然性、必要性与好处，也要拿反面的事例来证明不认真细致与不求真务实的坏处，并以此来潜移默化地影响大学生的心灵，使他们在成为正式会计人员之前就明确自己的职责，端正应有的工作态度，为将来做一个称职的会计人员奠定人格基础。

第二，任何职业都有其相应的职业道德，会计人员也不例外。从其工作性质角度考虑，会计人员的基本职业道德应该是既秉公敬业，又遵规守法。所谓秉公敬业，就是客观公正、爱岗敬业。会计工作关系到不同利益主体的责、权、利，国家、上级主管部门、单位三者之间都存在着利益分配，会计人员如果不能做到客观公正，而是做假账，设置账外账，便缺乏了基本的职业道德，也丧失了基本的人格。会计工作每天与枯燥的数字打交道，对会计人员来说，久而久之，可能觉得枯燥乏味，有时还会头昏脑涨，因而难免产生厌烦情绪甚至产生跳槽想法。所以，对会计人员来说，爱岗敬业，做到干一行，专一行，爱一行，也显得尤为重要。而这可作为其基本的职业人格，或者被看作基本的职业道德。所谓遵规守法，就是依法理账，按规章制度办事。会计工作直接与经济管理相关，为了保证其客观、公正、准确、系统、完整，从国家到行业，从部门到单位，都制定了一系列的法规制度。这些法规制度都是经过充分讨论酝酿，广泛征求意见，权衡利弊得失，平衡国家、集体与个人之间的利益之后制定出来的，具有强制性和权威性，它们是会计人员处理会计数据的依据，也是会计人员应对各种违法行为的武器，同时是会计人员务必遵照执行的标准。当然，再完善的法律也会有漏洞可寻，再齐全的规章也会有空子可钻，如果会计人员专门寻找这些法规的漏洞，专门摸索这些法规的空当，投机取巧，贪污挪用，不仅将损害国家利益与部门利益，也会损害单位利益与个人利益。对会计人员来说，依法办事，做到法规面前人人平等，应该成为一种起码的职业道德，也应该成为一种基本的人格。为了培养会计专业大学生的职业道德，可以开设专门的"会计职业道德"课程，也可以在讲授其他课程时，尤其是在讲授会计专业课程中涉及相关法规时，有意识地对大学生进行会计职业道德的教育。

第三，会计工作作为经济管理工作的一个环节，与其他管理环节密切相关，因而存在着互相协作的问题。这种协作，只能通过相应的管理人员去进行。会计人员，作为经济管理人员之一，自然需要这种协作。搞好这种协作便需要会计人员具有良好的合作精神。这种合作精神，就是我们古人所说的"敬业乐群"中的"乐群"精神。对每一个会计人员而言，这种合作既包括同一处室的会计人员之间的合作，也包括与生产管理、销售管理、人事管理等其他部门之间的合作，还包括与银行、税务、工商部门之间的合作。概括地说，这种合作精神，实际上指的是会计人员的人际沟通意识与协调配合思想。如果没有好的人际沟通意识，而是封闭自我，"各人自扫门前雪，莫管他人瓦上霜"，便不仅不能与同事良好相处，也有损于工作效率的提高。性格开朗，热情主动，替他人着想，予他人方便，不仅能赢得尊重，也有利于提高自身的管理能力与人际协调能力。没有协调配合思想，而是我行我素，便难以确保整盘棋局走活，也难以得到他人的配合，最终受损的还是自己。这样的人际沟通意识与协调配合思想，尽管在大学的会计专业课程的教学中难以得到培养，但是可以得到强调与影响。如果我们的会计教师在自己的教学中随时强调这样的合作精神，并在会计实践教学过程中有意识地锻炼大学生之间的合作精神，便能使我们的教学真正地成为既教书又育人的事业。

3. 个人智性发展目标

在教育学与心理学的范畴中，所谓发展，指的是学校教育使学生在获得教养、受到教育的同时，还得到心理发展。心理发展包括两个方面，一是智力因素的发展，二是非智力因素的发展。其中，智力是一个综合概念，指的是人类个体获得信息和处理信息的能力，也就是人类个体获得知识并运用知识解决实际问题的心理能力。它包括注意力、观察力、记忆力、联想力、想象力、思维力、学习力与创造力八个具体方面。思维力是智力的核心，学习力是智力的表现，创造力则是智力的最高表现形式。智力的衡量参数叫智商（IQ），智商的高低决定了人类个体的聪明程度，也决定了人类个体的能力水平。非智力是一种个性因素，指的是人类个体的一些意识倾向与各种稳定而独特的心理特征的总和。它与认知无关，却直接与人类个体的行为方式相关。非智力主要包括动机、兴趣、习惯、情感、意志与性格等心理因素。动机与兴趣影响人类个体的行为态度，情感与意志影响人类个体的行为能力，习惯与性格则影响人类个体的行为效果。非智力的衡量参数叫情商（EQ），情商的高低决定了人类个体的行为能力，也决定了人类个体的成功程度。

智力之中，注意力、观察力、记忆力、联想力与想象力这五大因素，对大学生来说属于基础智力。这五大因素，在基础教育阶段就应该并已经得到了较好的开发。可以说，开发这五大智力因素，已经不再是大学教育的主要目标，尽管仍然能够使它们得到一定程度的开发。相较之下，思维力、学习力与创造力这三大智力因素，对大学生来说，则属于基本智力。它们应该在大学生的学习过程中得到加强与提高。然而，无论是深广的思维力，还是强大的学习力，甚至是新颖的创造力，都是大学生毕业以后走向工作岗位和继续深造不可或缺的智力因素。大学的会计教育，会计专业课程的教学，对大学生智力的开发也主要集中体现在这三大因素之上。

非智力之中，动机、兴趣与情感这三大因素，对大学生来说也属于基础性非智力。大学生一旦进入大学，并选定所学专业以后，这三大因素便已基本定型。这三大因素，均指向所选定的会计专业，以及将来所从事的会计工作。只要不中途转换专业，打算一心一意地在会计领域里工作一辈子，这种动机、兴趣与情感便没有继续强化的紧迫性。尽管也需要在会计专业的教学教育中继续得到强化，但紧迫性并不突出。相比之下，非智力中的意志、习惯与性格这三大因素，对大学生来说，显得尤其重要。因为将来要从事会计工作，面对纷繁杂乱的数据，没有坚忍顽强的意志不行，没有耐心细致的习惯不行，没有冷静理智的性格也不行。没有坚忍顽强的意志，就可能知难而退，甚至会三心二意，从而丧失对会计工作的兴趣，也可能处理不好基本会计数据；没有耐心细致的习惯，就可能内心烦躁常出差错；没有冷静理智的性格，就可能难以坚持原则客观理账，而会产生一些原则性的错误。然而，无论是坚忍顽强的意志，还是耐心细致的习惯，甚至是冷静理智的性格，对会计专业的大学生而言，将来不管是从事财务管理工作，还是会计工作，或者是审计工作，都是不可或缺的。大学的会计教育，会计专业课程的教学，要发展大学生的个性，也主要体现在这三大因素上。

具体来说，在会计专业课程的教学过程中，到底能使大学生的哪些智力成分与非智力成分得到发展呢？可以从智力成分的开发与非智力个性成分的发展两个方面来看。

其一，在智力成分的开发方面，对会计专业的大学生而言，会计教师的教学目标应该是发展其深广的思维力、独立的学习力与新颖的创造力三大因素。展开来看，深广的思维力又是由职业判断能力与信息管理能力两方面表现出来的。职业判断能力，指的是会计人员对自己所从事的具体工作进行归类与判断的能力。会计工作的性质与职能，要求会计人员具有敏锐的职业判断能力。面对纷繁复杂的经济业务，是否能够准确地进行职业判断，并对数据准确进行归类，是衡量一个会计人员是否合格的重要标准。当然，敏锐的职业判断能力的最终形成，需要一个较长的实践过程，需要靠经验的不断积累，但是是否能为这种职业判断能力的形成打下良好的基础，则是衡量学校教育质量水平的一个重要尺度。要培养大学生这种职业判断能力，需要在教学时尽可能多地让学生了解会计现状、接触会计实务，做到理论联系实际。为此，实行案例教学并加强会计实践训练是很有必要的。信息管理能力，指的是会计人员对会计信息的实际分析和决策能力。现代企业中，各项决策均离不开包括会计信息在内的各项经济信息。会计人员不仅是经济信息的提供者，也是经济信息的综合分析者，要为企业决策提供综合性分析资料。企业的资金、成本、利润等预测分析，是会计工作的基本任务之一。因此，作为会计专业的大学生，理应具备较强的经济信息综合分析能力。会计专业课程的教学，可以对此进行专项训练。

独立的学习力，是由吸收与运用新知识的能力与跨学科学习的能力两方面表现出来的。吸收与运用新知识的能力，指的是在学习与工作中不断学习新知识的能力，它是终身教育的组成部分，也是自我教育的组成因素。随着时代的变迁，社会的发展，会产生一系列新的知识，也会对会计人员提出新的挑战。只有勤于学习，积极果断地吸收与运用新知识，并把终身受训和不断学习作为自己生活的组成部分，才能跟上时代步伐。对会计专业的大学生而言，不仅要重视大学期间所获得的知识，更要重视在长期的工作实践中不断学习、积累、更新并运用新知识，从而积蓄进一步发展与成长的潜力。大学的会计教师，虽然不可能保证向学生传授的知识能够一劳永逸，却可以保证让学生学会学习，具备独自、主动、有效的学习能力。跨学科学习能力，指的是以专业知识的学习为核心的横跨相关学科知识的学习能力。会计人员，为了胜任会计管理工作，需要掌握一个共同的知识体系。这个知识体系，是会计人员终身教育所涉及的知识领域，范围较广。它不仅包括会计学专业的专业知识体系，也包括会计工作所需要的经济知识与管理知识，以及现代社会从事任何工作都需要的一般科学文化知识。同样，这样庞大的知识体系，也是处在不断扩充、改进、更新、淘汰的过程之中的，需要会计专业大学生在学习专业课程的时候，培养出独立、自主、有效的学习能力。

新颖的创造力，是由会计方法创新能力与会计业务拓展能力两方面表现出来的。会计方法创新能力，指的是在会计工作中，针对新情况，在遵守会计法规的前提下，创造性与艺术性地处理会计信息的能力。随着社会的发展，新经济领域不断涌现，新经济业务也不断出现，会计所面临的环境在不断变化，而教科书的说法往往落后于这样的实际，如果照搬教科书上学到的方法去处理会计事项，就有可能遇到难题。而经济业务是不能不处理的，应当如何解决？这就需要会计人员合理选择，进行会计方法的研究和会计制度的设计。会计教师虽然无法保证提供创新会计方法的具体经验，却可以在自己的教学中使学生受到启发，形成创新的意识。会计业务拓展能力，是指在法规、准则提供的会计基础操作方法的基础上，善于根据会计主体实际情况及时调整启用的会计科目体系、账务处理程序、采用的会计政策、凭证收集传递的程序与方法等事项，以使会计工作的开展更为科学、会计信息质量更有保障的能力。新的经济体系、新的经济交往方式与电子时代的资金运作方式，都向会计人员提出了挑战，需要会计人员创新进取、大胆改革，从而拓展业务、科学核算。大学教育本身难以做到让大学生一开始就具备这种能力，但可以让他们具备这样的头脑。所以，会计教师在教学中的启发与引导便有了价值。

其二，在非智力个性成分的方面，我们认为，对会计专业的大学生而言，会计专业课程的教学目标应该是锻炼大学生坚忍顽强的意志、培养大学生耐心细致的习惯、培养大学生冷静理智的性格等三大因素。

展开来看，坚忍顽强的意志又是由迎难而上的精神与锲而不舍的意志两方面表现出来的。会计工作，环节多、程序多、数据多，且环环相扣，一步都不能出差错。会计人员整日埋头工作，头晕眼花是常事，一不留神，核算差错便会出现，而一旦出现差错便要重新核对与调整，相当麻烦。遇到这样的工作，没有迎难而上的精神，便会被困难吓倒，甚至败下阵来，成为会计工作的逃兵；没有锲而不舍的意志，便会困难重重，进展缓慢，甚至消沉气馁，成为会计工作的懦夫。针对这方面，会计专业课程的教师应在自己的教学中有意加以强调与训练。

耐心细致的习惯，是由仔细核算的习惯与反复核对的习惯两方面表现出来的。为了确保会计工作各个环节不出差错，需要会计人员仔细核算登录，反复核对，并且养成习惯。经验丰富的会计人员都注重仔细核算与反复核对，并且随时保持清醒头脑，小心翼翼地处置任何一笔账目。这种习惯一旦养成，便能减少差错，从而提高工作效率。可见，马虎潦草、心浮气躁，是干不好会计工作的。会计专业课程的教师，在教学时，既可以强调仔细核算与反复核对的重要性与必要性，又可以增加一些必要的训练，并让学生反复核算与核对，以正面与反面例子来影响大学生的心态。

冷静理智的性格，则是由坚持原则的性格与宽厚待人的性格两方面表现出来的。会计工作，无非是既对事又对人的工作。对事要处理往来账目，不管多少，也不管繁简，都应该坚持原则，依法规处置；对人，无论尊卑，也无论内外，都必须热情相待，宽厚相处。这既能够体现出会计人员的性格，也能够体现会计人员的素质。会计专业课程的教学，理当为完善大学生的性格，使其更趋成熟做贡献。这一点，会计教师可以通过强调的方式达到目的，也可以通过以身作则的方式示范性地达到目的。

第二节　我国会计教学现状

一、会计教学背景

（一）当前会计环境

目前，我国经济体制改革的深化与经济全球化为会计行业营造了一个新的环境，在这种环境中，会计专业的人才培养既面临着很大的机遇，同时也会面临许多严峻的挑战。

要分析我国会计教学的现状，必须先弄清楚当下我国会计教学所处的会计环境。

首先，经济全球化的加快发展为高校的会计教学提出了更高的要求。如雨后春笋般涌现出的跨国公司使社会对会计人才的需求更多地偏向国家会计的知识。在会计教育中，以前只面对一小部分人的国际经济商法和国际金融以及外语，变成了众多高校中对会计专业学生的普遍要求。

其次，我国的科技发展迅猛，在各个行业中，靠科技操作的内容占有越来越大的比重。会计专业同样也不例外。在会计行业中，会计电算化越来越普及，这就对高校会计教学提出了新的标准，即所培养的会计专业学生对计算机和网络的熟悉程度。对此，高校对会计教学的课程设置更加偏重于电算化，以此来满足当前时代的要求。

（二）会计教学与时代发展的矛盾

处于这样的会计环境背景之下，高校会计教学中也逐渐涌现出一些与时代发展不相容的矛盾。吉林大学会计系一项基于国内两所大学的实证研究表明，目前我国高校的会计教育水平总体一般，并未达到令人十分满意的程度。其中较为突出的问题在于教学方式缺乏创新，学生缺乏足够的兴趣与热情，导致教学质量不能达到较高水平。从调查结果来看，目前高校已经意识到实践与理论结合的重要性，在会计教学中均会设置实验课程以及理论课程。但从教学成果来看，目前的理论与实践结合教学方式仍存在一些问题。许多实践教学环节的仿真性和技能性显得薄弱，与会计实际操作有所偏差，对于学生的实际动手能力培养效果不佳。面对会计环境的转变，如果我们的教学方式仍旧停滞不前，对于会计人才的培养将会是重大的阻碍。高校会计教育是会计人才的起点，在迅速发展的时代背景之下，会计教学方式唯有与时俱进才能够为社会源源不断地输送优秀的会计从业人员，以适应社会所需。

二、会计教学现状

会计一直以来都是我国一个传统的职业，根据往年各种招聘及人才市场需求的统计，会计是出现频率最高、供需量较大的职业之一。随着知识经济的发展，会计教育和会计工作也受到了巨大的影响和冲击，一方面，会计行业服务范围越来越广，业务量越来越大，业务内容也不断更新，这就要求我国会计人员有扎实的理论基础、较强的实践能力、良好的职业道德和不断创新的精神，才能适应新时期会计工作的要求。另一方面，国际化进程越来越快，世界在变得越来越小，我国本土的会计已经不能满足需要，会计人员应该加强国际会计准则的学习，熟悉国际会计理论和国际贸易准则，力争成为能走出去的人才。加之互联网对传统会计的冲击，新时期的经济管理活动对会计人员的适应性、灵活性、知识更新上提出了更高的要求。基础会计教育是会计行业发展的基础，作为培养会计人员的高校，必须及时做出相应的洞察和转变，才能培养出高素质会计人才。

（一）会计专业教学方面

1. 缺乏课堂互动与反馈

在现有的教学体制下，多数高校存在生师比例较高的现象，会计专业的授课模式中，大班课堂教学和填鸭式课堂教学成为主流，教学缺少互动性。会计专业教学由于忽视学生的个体差异，因而个体针对性不强。生师比例较高，导致教师根本无法兼顾学生个体的差异性，只能采取"抛"知识给全体学生，而不管学生能否"接住"，不同的学生能否"接好"。教学课堂缺乏有效的反馈机制，教学效果无从考量，无法进行改进与提升。

2. 缺乏实践的教学方式

传统教学课堂枯燥乏味，重理论轻实践。传统实训技能的课堂上，基本采取教师单边面授讲解演示，而学生则照葫芦画瓢，按要求完成操作即可。学生实践活动基本是被动地复制教师的活动，缺少学生的自我思考、组间合作交流和师生双向互动交流，学生实训操作的过程和实训效果欠佳，导致学生失去学习兴趣，无法实现原有实训技能课开设的预期目标。

目前，会计教学方式仍旧以课堂教学为主要方式，但会计从业人员在进入工作之后往往会碰到诸多在课堂上不曾碰到的难题。许多实际工作中的困难在我们的会计教学中往往没有涉及，因而造成许多会计行业的从业人员在毕业后感到迷茫。以会计电算化学科为例，随着科技迅速发展，会计电算化在会计实务中的运用将越来越广泛。然而，在实际教学当中，会计与计算机的教学结合却尚不成熟。在高校的会计教学培养方案中，对于计算机实际操作与会计知识的结合十分少见，但与之形成对比的是需求日益增多的会计电算化人才。许多毕业生如果没有熟练地掌握计算机操作会计实务，在工作上必将面临阻碍。

会计是一门理论与实践联系紧密的学科，许多的专业素养与知识必须从实践中不断总结而来。就现状而言，许多会计从业人员一般是在长时间的实践工作中慢慢积累专业知识与实践经验的，这就大大削弱了高校会计教学的作用，也使得会计行业的门槛变低。另外，会计专业的毕业生面对巨大的竞争压力以及对所学专业知识的不自信也会导致他们选择转行，从而一定程度上造成人才的浪费。综上来看，教学方式的创新发展已经刻不容缓。

3. 与实际脱节的教学内容

纵观当前中国会计专业教育的现状，教学内容与实际发展存在一定脱节的现象，尤其是教材内容更新与实际应用脱节。会计专业安排的教学内容多以教材为主，不但教材编排的理论前沿和金融实务偏少，而且教材具有相对的稳定性和滞后性。会计专业教材较慢的更新替代速度，导致其难以及时随着金融市场的变化、金融产品的创新、相关会计法规和准则变化而进行相应的修改调整。会计专业的教学模式、教学内容与会计实际发展的脱节导致学生所学会计专业知识与社会会计实际工作需要缺乏衔接。

4. 教学目标定位不明确

几十年来，我国会计教育的目标都是培养优秀的会计专业技术人员，高校对会计教育的定位也几乎从未改变。培养优秀的会计专业技术人员的目标之所以能够适应传统教育的发展，是因为传统的会计工作业务量小，工作内容较为单一。传统的会计对基础会计人员要求不高，且需求量很大，是几十年的老牌高考志愿热门专业。此外，传统的会计操作手续繁多，很多工作都是重复的，会计人员思维模式较为单一。但新时期的会计赶上了互联网的潮流，会得到飞速发展，"互联网＋会计"会是未来会计的发展趋势，高校作为培养会计人才的地方，不能一味地坚持传统会计的培养目标，应该取传统会计之精华、去传统会计之糟粕，制定能够适应新时期发展趋势的培养目标。

（二）会计专业教师方面

1. 缺乏吸取学生意见的意识

学习主动性较弱，"互联网＋会计教育"要求教师为学生提供个性化、多样化的教学服务，从而在会计教学过程中充分发挥学生的主观能动性、积极性，提高学生的自主学习能力，由此可见，教师在会计教学中应多吸取学生的意见，在课堂上与学生实现互动教学，在课后与学生多沟通，多了解学生的学习效果，并据此改进教学方法，这样既有利于提高会计教学效率，又有利于增进师生关系。

2. 未重视培养学生的专业胜任能力

"互联网＋"时代要求教师在互联网会计实践教学中应重视培养学生的会计胜任能力。"互联网＋"时代的会计人才胜任能力是指在互联网环境下，根据会计人才所从事的岗位工作要求，能够顺利完成岗位工作的个人能力，这种能力是可指导的、可观察的和可衡量的，是将专业知识、职业技能、工作能力、职业素养等内容融于一体的综合性表现，具体包括会计知识、会计职业能力、会计技能和会计职业素养四个维度。当前，学院开设的会计专业理论课程很全面、很综合，相应的会计实训、会计技能、会计职业素养相关课程也较丰富，但尚未开设关于会计专业胜任能力方面的专门性课程，大部分教师在会计教学过程中缺乏对学生专业胜任能力的培养，这与"互联网＋"时代对高校会计人才培养要求不相符。

（三）会计专业学生方面

1. 缺乏多层次知识体系

会计专业虽然作为一个传统的专业，但在社会经济快速发展的今天，会计专业也在不断地发展进步之中。会计专业的高校毕业生进入社会以后的工作单位是每个组织的财务、审计部门和各大会计师事务所。事务所对一个刚毕业的高校大学生的成长是非常有帮助的，进入事务所工作几乎是一个不错的选择。会计师事务所的主要业务是财务报表审计，但近年来其业务也在不断更新发展，财务报表审计所占的比例逐年缩小，更多的是滋生了管理咨询、经营专项审计等。在一个逐渐发展并完善的资本市场中，财务管理活动是企业管理的中心，会计的功能不仅仅局限于反映过去的经营成果，更要参与企业的经营管理活动，做好预算管理、经营决策等。目前部分高校教育中已经大幅缩减了通识教育课，减少了会计专业学生接触多层次综合知识的机会。也有很多高校不重视通识教育课，即便开设了相应的课程，但也没有产生相应的效果。同时学生在学习时候用心程度不如专业课，期末考核也比较容易，学生自然也就建立不了多层次的知识体系。校方不重视、学生不努力是会计专业学生知识面单一的主要原因。

2. 缺乏自主学习能力

会计专业的学生只是一味被动地接受知识，没有学习的主动性和积极性，更多的只是死记硬背地记住了知识点，希望在考试的时候考出一个好成绩。当前，大部分会计专业学生习惯性接受"教师讲—学生听"和"满堂灌"的教学方法，在教学上很多的理论知识，学生自身缺乏对知识点的总结和运用。在教师讲解过程中学生能够理解相关的知识点，但课堂之外大部分学生不愿意主动巩固和练习，因此，他们对知识点的记忆时间很短，理解不透彻。另外，会计专业的学生普遍缺乏对具体案例的分析，无法依据具体案例把会计知识理解透彻，忽略了思维能力的培养。在以后的实际会计工作中遇到问题时，不能自己分析解决，个人业务能力较弱。

3. 缺乏实践操作能力

作为刚刚接触会计专业的学生，可能其在学校理论知识的学习方面表现得很优秀，但理论知识不一定能和实践工作结合起来，更有甚者，部分会计学生在校学习不认真，没有学习到应该掌握的会计知识，很可能造成毕业后绝大多数人都得跟着"老师"学上几年，才能独自开展工作的局面，并且不排除被调离会计工作岗位。

当今的高校会计教学主要以理论教学为主，淡化了学生实践能力培养，理论脱离了实际。绝大多数的高校会计专业的学生很少能够接触到真实的会计工作，即便是有实践课程，课时数也相当少，学生在学习的时候没有理解透彻，自然很快就会忘记，因此学生的实践能力较差。

三、会计双语教学

教育部2007年印发的《关于进一步深化本科教学改革全面提高教学质量的若干意见》规定，鼓励开展双语教学工作，提高大学生的专业英语水平和能力。同年，教育部决定从2007年至2010年共支持建设500门双语教学示范课程，其建设内容包括双语师资的培训与培养，聘请国外教师、专家来华讲学等。在双语教学问题上，师资历来被认为是双语教学的瓶颈。

目前经济全球化发展已是必然的趋势，这不单是大量跨国公司进驻中国，更多的是大量的中国企业走向世界，英语作为通行的语言，必然要求更多的中国学生学习与熟悉国际财务准则。下面将对会计双语教学中师资队伍建设进行论述。

（一）会计双语教学对师资的要求

从事会计双语教学的师资必须具备专业课程的教学能力与较强的英语表达能力，具体而言应当具备以下素质。

1. 会计专业知识

会计双语教学并不是语言教育，是以外语为媒介进行的会计专业教学，学生通过学习无意识地习得外语。因此，会计知识的传授才是重要的。所以要求会计双语教师不仅要熟悉中国的会计准则，还要熟悉国际会计准则和其他国家会计准则以及中外的差异，时刻把握行业动态。

2. 英语听说读写能力

会计双语教师在英语方面要有较强的听说读写能力，尤其是口语，这可能是各高校双语师资所面临的最大问题。在某种程度上，口语水平的高低是决定双语教学成败的关键因素之一。这就要求教师口语发音准确、流利，能够在课堂上自如地用两种语言把会计专业的基本概念、相关理论和学习重点讲解透彻，使学生能够较容易地接受、理解并运用。

3. 传授知识的能力

会计双语教师还应该改革传统的教学方法和教学模式，要懂得英语教学和会计专业教学的相关理论和教学方法，能将会计专业知识和外语结合起来。要加强与学生的互动和交流，坚决摒弃原有的灌输式教学模式，让学生参与到教学过程中，采用启发式教学、案例教学等多种方式，启发学生进行独立思考。例如在学习存货核算时，可以让学生进行分组讨论，总结中英文会计处理的差异，并发表各自的观点。

（二）我国高校会计双语教学师资现状

高素质的双语教师是成功实施双语教学的保证，但目前会计双语教学师资队伍中存在以下问题。

1. 教师英语水平一般

目前承担会计双语教学的教师部分是国内高校培养出来的中青年教师，如果这类师资在开展双语教学前没有接受英语培训或没有海外经历，那么在从事双语教学过程中往往会由于英语水平尤其是口语表达欠缺而较难达到预期的教学效果。

2. 专业知识不够扎实

一部分教师原来所学专业为英语，这类师资英文运用能力较强。但是由于他们没有系统学习和研究会计专业，所以不能系统地讲授会计专业知识，往往将会计双语课程上成了翻译课或者是英语课，主要讲授词汇和语法，甚至有些教师连基本的会计专业词汇都不懂。这种教学不是严格意义上的会计双语教学。

3. 外教的教学方式不合适

有些学校聘请了外籍会计教师，这类师资语音、语调标准自然，口语地道，原汁原味，能将国外的教学经历运用到教学过程中，但大部分外教的发散思维方式让中国学生有些不适应，容易造成学生的畏难情绪。

4. 师资培训机制不规范

由于高校会计双语教学还处于探索阶段，许多高校对于会计双语师资培养尚未形成统一和权威的规范体系，没有系统地建立双语师资培训机制，如会计双语师资需要什么样的资历、师资的培训计划以及相应报酬均无统一规定。没有规范的约束，同时也会造成会计双语师资水平的良莠不齐。

第三节　会计人才培养概述

一、国际各大会计师协会对会计人才培养的研究

美国注册会计师协会（AICPA）于 20 世纪 60 年代探索了会计人才的能力要素，并于 1967 年对其进行了完善，发表了《职业知识框架》，从此开始了对会计人才能力要素的研究。美国的注册会计师协会于 1968 年发布了《会计职业的院校教育准备》，并对此进行了两次更新，使得美国的会计教育受到深刻的影响。

此后，美国会计学会（AAA）于 1986 年出版了《未来的会计教育：为日益扩展的职业做准备》，表示众多高校的会计教育应逐渐以培养学生的职业技能为主要任务。受此影响，1989 年，当年的"八大"会计师事务所对此进行了研究，共同出版了《教育的视野：会计职业成功的能力》，其中详细说明了注册会计师应该掌握的职业能力以及应该学习的知识框架，同时助力会计教育事业，资助了会计教育改革委员会（AECC）的成立。1998 年，美国注册会计师协会通过仔细剖析，在《新财务职业的能力模式》中对会计职业能力的框架进行了描述。1999 年，美国注册会计师协会在《进入会计职业的核心胜任能力框架》中指出，会计职业胜任能力的框架应该以个人胜任能力、职业胜任能力以及企业经营理念三部分为核心，会计专业的学生应该具备基本的分析、解决问题的能力，懂得如何团结协作以及终生学习会计的能力等。同年，为顺应时代的发展，管理会计师协会（IMA）指出会计从业人员应该培养各项综合能力，其中包括计算机处理以及网络的应用能力、科学技术的应用能力、操作软件以及管理软件的能力、表达能力以及沟通能力等综合方面的素质。美国的注册会计师协会、各大会计师事务所、会计学会等机构的有关研究在一定程度上推动了会计教育改革，使得会计教育不再只注重知识的传授，而是将培养学生的职业技能也列为教学中的重点。

20 世纪八九十年代，英国、新西兰、澳大利亚、加拿大、南非等国家的注册会计师组织纷纷开始研究会计胜任能力的框架，并根据各自的研究发表了相应的报告。国际会计师联合会（IFAC）于 20 世纪 90 年代中期开始发布相应的文件，重新分类标明会计人才职业能力应包含的内容，划分为知识要素、技能要素以及职业价值观三类内容，并纠正会计教育的宗旨，提倡高校重点培养会计学生的应变能力和继续学习能力。

澳大利亚和新西兰两个国家的行业协会于 1992 年联合制定出会计师胜任能力的标准，将职业会计师的工作分为几个不同的领域，其中包括审计、外部披露、破产重组、管理会计、税收以及理财六个方面，在这六个单元中每个方面又包括不同的单元任务。

1999 年，联合国国际会计以及报告标准政府专家组共同出版了《职业会计师资格要求指南》，并以 1996 年国际会计师联合会（IFAC）公布的第 9 号国际教育指南为原始框架，向各个国家推荐关于会计职业知识教育应该包括的主要内容。

加拿大注册会计师协会（CGA-Canada）于 2000 年出版《加拿大注册会计师能力框架》，其中对各项领域会计师需具备的能力进行了描述。随后，加拿大特许会计师协会（CICA）于 2001 年公布了《特许会计师能力图》，其中明确列示了会计师应具备的基本素质、专业胜任力以及知识储备的要求。

为了使全球执业会计师教育的内容趋同，2003 年 10 月，国际会计师联合会教育委员会公布了国际教育准则 1～6 号，规范了教育计划下的准入"门槛"、教育计划的具体内容、专业职业技能、职业价值、职业道德等相关方面的内容，该准则计划于 2005 年开始实施。国际会计师联合会教育委员会于 2004 年 5 月公布了第 7 号准则，计划在 2006 年初实施《职业后续教育：终身学习和职业胜任能力后续发展计划》。这些准则从智力技能、技术和功能技能、个人技能、交流和沟通技能、组织和商业管理技能几个方面对职业会计师应具备的能力进行了补充，其中尤其强调了个人创造能力、个人影响力、个人的沟通与表达、个人领导能力及个人决策能力等方面的重要性。

加拿大 CPA 团体于 2012 年对会计能力框架图进行完善，将注册会计师的能力重新分类，提出包括财务报告、战略管理、管理会计、审计和保证、财务、税务及其他一般商业能力要求（含信息与信息技术、法律、宏观及微观经济、定量分析以及数据分析等能力）。特许管理会计师公会（CIMA）联合美国注册会计师协会（AICPA）于 2014 年 4 月发布了《全球特许管理会计师能力框架》，要求管理会计人才应满足综合的能力的标准以及其他条件的要求，在遵守道德、诚信的基础上，从技术技能、商业技能、人际技能和领导技能四方面对全球特许管理会计师提出要求，重新对特许管理会计师公会的职业资格框架体系进行设计。

美国管理会计师协会（IMA）于 2016 年 11 月在《管理会计能力素质框架》中细化了 28 项会计能力素质的内容，从规划报告、财务决策、信息技术、企业运营和领导力建设五个方面分等级详细定义了各项能力素质的内涵，进一步完善了管理会计能力素质的框架结构。国外的许多国家对会计人才应具备的能力较早展开了研究，其中关于会计人才培养的研究更是受到其他国家的关注。国际上各大会计师协会也纷纷对此展开研究，因此，国外会计人才培养模式的理论成果比较翔实、成熟，并且已经上升到国家政策的层面。

二、国外高校关于会计人才培养的研究

从美国各高校对学生培养的情况来看，相对于培养专业人才，美国高校比较注重造就通用型人才，在精英教育中更加关注通识知识的教育。美国一流大学的主要课程设置都是与人文、科学相关的基础学科，较少有学校将专业课程视为核心课程，学校将培养学生独立思考、自我判断、互相沟通等能力作为教育的核心

内容，注重学生批判性思维的养成，这些都是一个合格领导者所应具备的素质。在美国多数高校，教师们鼓励学生突破标准答案进行作答，激励学生探索各种事物并进行准确的自我认知。哥伦比亚大学将培养学生的批判性和创造性的思维习惯作为其本科的核心教学内容，使学生们能够追求更加有意义和完美的生活。

美国大学总结了教师培养中表现出的主要问题，例如培养目标存在差异、地区自行培养教师可能会对教育学院的地位产生影响、削减教师的经费等，这些问题都会不同程度地影响高校教育中教师培养学生的效率，进而对美国大学中教育学院特有的"有效教师教育"模式进行优化。

英国大学的培养目标主要集中在培养绅士型领袖和优秀学者上。19世纪教育家纽曼提出，绅士型领袖和优秀学者实际上都应具备独立思考、有效推理、相互辨别和全面分析的能力，也可以将他们称为拥有高雅情趣、有效判断力、开阔视野的人。

德国大学的教育理念基本上与洪堡的"完人"理念和雅斯贝尔斯的"全人"理念保持一致，在教育学生时比较注重完善学生的人格个性，培养学生的创造能力以及主动性，将培养全能型的学术人才与高级专业人才作为教学的重点。

哈佛大学、牛津大学以及剑桥大学等世界知名大学，都将追求真理作为办学目标，注重培养高情商、高智力的全能人才，教育出更多具有独立思考能力的人才，为国家提供更多全面发展的创新型卓越人才。

三、国内关于会计人才培养的研究

（一）传统会计人才培养存在的问题

1. 专业课程不同步

目前，大多数高校对于会计相关专业的培养方案中培养目标的制定，是根据教育部制定的培养目标与自身办学情况相结合进行适当修改而确定的。培养目标并没有向互联网大数据的方向侧重。培养重心偏重于核算与技能，而相对忽视管理与职业道德。大部分高校开始以"理论与实践相结合"为目标培养具有会计相关实操技能的学生，而对学生的管理能力、创新能力、运用数据信息的分析能力的重视度还有待提升。这导致学生能够具备一定的会计核算的技能，但只能胜任传统意义的会计工作，不能满足大数据环境下对会计人员采集、分析数据和决策、管理等的要求。

专业课程是围绕培养方案设置的。若上述培养方案中培养目标过时，那么根据培养方案目标设置的专业课程也会相对陈旧。学院设置了能够提高学生核算能力的课程，除了专业核心课程以外，还设置了其他与行业挂钩的专业课，但大多数课程都从理论认知的角度进行讲解。当然，高校也开始与信息化接轨，如设置会计电算化之类的课程，让学生提前熟悉相关财会软件的使用。但在大数据背景下，企业对会计人才的需求不仅局限于财会软件的使用，更多的还需要会计人才能够具备采集、整理、分析数据并协助决策的能力。目前与此相关的课程还远远不够。

2. 教学方法较被动

传统的会计专业课程教学中，主要是采用教师讲授的方式，学生单向接受，属于相对被动的模式。教师自身讲授积极性较高，然而学生不容易参与其中，导致其主动性不高，影响授课的效率，这样的教学模式在传统专业教学行为中就已经存在问题，各界学者和专家都在提出教育改革，力争扭转现状。

大数据背景下的教学更关注对数据的利用，不能只靠教师单一地进行认知教学，更应该让学生参与其中，才能更好地加以培养。

3. 师资力量不足

目前，各高校对教师的要求越来越高。高校不仅会吸纳高学历的人才，也会向社会各行业吸纳有丰富实践经验的人才加入教师团体，教师的学历与专业能力都在不断进步，所以教师对会计专业的认知水平是毋庸置疑的，但是对互联网、云计算和大数据等信息化运用的了解并不深入，没有将新时代的元素完全融入教学体系中，这样是无法传授学生所需的专业技能的。对会计专业和大数据等新型技术手段都熟练掌握的人才目前仍比较稀缺，高校很难吸纳到足够的符合条件的师资对这方面的能力进行教育培养。

（二）我国对会计人才培养的研究

国际经济形势和整体经济环境不断变化，使得会计的职能发生了改变，从而要求会计人才能够迅速对整体的经济环境做出应变。我国飞速发展的经济对会计人才应具备的素质提出了要求，提高学生的综合素质和培养学生的综合能力成为培养会计人才的重点，从而使造就出的会计人才具备国际视野，能够满足我国经济国际化发展的需要。因此，众多学者纷纷表示赞同会计国际化人才的培养，也对此展开了一系列探讨，并提出了各种有针对性的观点。

孙铮、王志伟对现阶段高校会计教育中体现出的问题进行了研究，着重探究中国加入WTO后面临的机遇与挑战。中国加入WTO使中国会计教育事业进一步扩大，在会计教育中加入了竞争机制，对会计知识的更新要求以及高级会计人才素质的需求进一步提升。同时，中国的会计教育面临着政治经济变革、社会文化变迁、科技水平提升、市场需求增加、国外教育机构相互竞争等一系列挑战。因此，对我国的会计教育事业提出了以下对策：为满足经济需求，应积极发展会计教育；确定高级人才、国际会计人才培养策略；突破会计学历或水平局限，确定高级人才培养方案；鼓励学生对专业、学科和选修课程的自由选择，以弥补知识层面过窄的缺陷；对大量选择会计专业的学生提供相应的退出机制。

孙育新提出伴随世界经济一体化的快速发展，会计国际化已经变成了世界各国直面的问题。会计作为国际贸易活动必不可少的一部分，应该加速与国际经济政策对接，实现会计的国际化发展。全球贸易和跨境交易变得越来越普遍，中国会计市场应该进行开放，允许外国的会计师事务所以及会计人才进入我国，我国会计相关机构组织也有机会到国外深造。中国加入 WTO 后，培养会计人才，创建国际化的会计团队的工作将更加紧迫。

何军峰、黄红球认为会计人才的质量高低与高校会计人才培养模式相关联，通过深刻理解并把握新时期下会计专业人才培养模式的特性与要求，对于我国社会主义市场经济的国际化发展、提高会计人才的素养具有重要的意义。

沈英对国内会计教育进行分析，研究了会计高等教育的改革方案，重新明确了国际化会计人才培养目标的具体方案，设计出高层次、复合型、国际化会计人才培养模式的大体方向，并对此提出了有效的改革途径。

刘丽影认为在新时代下培养国际化会计人才极为重要，并提出我国的会计人才培养模式应进行改革与完善，应以国际化教育为导向，重视学生诚信教育，将高校的考试制度改为笔试以及口试两方面，全面提升会计学生的思想素质。

傅建雯发表了《现代会计人才素质的十大转变》，对我国会计行业发展现状进行了详细分析，从国际化发展的角度提出我国会计行业未来的发展趋势，指出我国应培养大量具有国际水平的会计人才，对目前会计人才培养的策略提出了相关建议以适应会计国际化形势的需要。

曹慧民、柴庆孚在会计国际趋同的背景下着重分析了国内会计教育中存在的缺陷，对我国会计的教育模式提出相应的优化方法，在提高会计国际竞争力、培养高级会计人才等方面具有关键性的作用。

庄学敏认为会计国际化发展离不开会计教育改革，就目前会计教育的实施情况分析，调整和完善会计教育体系已经成为我国教育改革的重点，通过教学改革能够加快培养具备国际会计知识、掌握国际会计惯例的专业人才，所以我国会计教育界面临的主要难题是如何建设符合我国国情的国际化会计人才培养体系。

王琴在经济全球化趋势下，对我国的国际化会计人才的培养方式提出了新思路，应该将国际化教育的原则深入贯彻到组织教学中，重点培养学生的创新意识，全面提升学生的综合能力。

沈颖玲提出会计环境的变动对国际化会计人才的需求越来越高，各高校应该对会计教育目标做调整，同时应该对会计专业的课程体系进行调整，并基于以上条件，进一步探讨了国际化会计人才应该具备哪些特质，从而对会计教学课程体系进行动态调整，对课程的整体结构设计、课程的核心环节与辅导课程的内容以及如何建设课程群等问题进行了逐一分析。

郭永清通过分析我国高级会计人才的结构，认为我国目前所拥有的国际化高级会计人才的数量相对较少，从而针对高级会计人才培养模式提出新的改进方案。

李晓慧总结了国外会计教学中优秀的经验与方法，对英国大学进行了实地考察与研究，从教学目标、课程设置、教学方法、课程考评等几个方面对国内大学的会计教学体系的建设提供了相关建议。

古利平表示经济全球化要求会计朝着国际化的方向发展，这就需要我国培养大量的高层次、高素质会计人才，在结合 ACCA 教学模式进行分析的基础上，从双语教学的课程设置、教学方法、师资力量、学生素质等不同方面为我国会计教育改革提出了具有针对性的建议。

刘玮玮在经济活动全球化趋势的基础上分析了我国会计教学中双语教学的必要性，认为在会计双语教学中仍然存在一些问题，并对教材内容、授课方式、师资情况、学生素质等方面提出一些建议。

叶怡雄认为会计国际化教育观念使得各个高校逐渐关注培养具备国际会计准则知识与专业实践能力的高级会计人才，从而对我国培养国际化会计人才中可能遇到的障碍进行了探索，对会计实践教学改革提出了一些建议。

刘丽华认为会计为资本市场服务，推进会计教育国际化发展能够优化经济贸易的良好秩序，并为推进区域国际化、复合型会计人才培养机制提出了中长期规划的建议。

郭化林、何乒乒认为基于会计准则国际趋同的背景下，会计知识也应不断更新，所以协调中外价值取向、文化差异和培养终身学习能力是会计教育国际化的关键要素，由此提出培养合格的国际化会计人才的具有针对性的建议。

王丹舟、郑婕颖了解高等院校有关培养国际化会计人才实践能力的状况，对比国际会计实践人才培养的先进模式，收集了一些值得借鉴的经验，从而对如何培养会计人才的实践能力提出一些有代表性的改进策略。

胡永平分析了西部地区一些地方高校中会计国际化人才培养的难题，对这些高校的教育方式提出一些建议，以加快国际化会计人才培养目标的实现。

张海兰、邢伟平认为会计国际化要求众多高校应以培养具备国际视野的高素质会计人才为主，而高校会计专业教学能够直接推动会计教育国际化的实现。他们对会计专业教学中存在的种种问题进行了剖析，并提供了构建以培养学生各种能力为核心的新型教学模式的新思路。

何传添、刘中华、常亮对我国会计学会、会计教育专业委员会的会议内容进行了概括，会议研讨了会计国际化教育、会计教学水平、会计人才培养质量等方面，从会计教育国际化与会计研究生教育、会计专业课程体系构建与教学方法的更新、会计专业人才培养等层面提出了相应的改进对策。

何丹、吴芝霖认为实践教学是造就高素质、复合型、创新型、国际化会计人才的重要环节，借鉴了国外会计专业实践教学的先进经验，重新设计了会计国际化人才培养机制，将课内教学、课外活动与校外实践三者结合，设计出三位一体的会计实践教学模式。

陈冬、周琪、唐建新对武汉大学首届 ACCA 专业毕业生情况进行收集，实例分析了 ACCA 专业教育对国际化会计人才培养的重要影响，认为 ACCA 专业教育有助于我国培养具备国际会计专业技能的人才，提高会计专业学生的国际竞争力。

楼继伟认为要深入贯彻落实人才强国的战略，我们应大力培养全国会计领军人才，因此，应该做到以下四方面：明确方向，服务发展；立足改革，创新机制；面向世界，拓宽视野；高端引领，统筹推进。

陈英、林梅、吴海平从高校与企业的不同视角分析了培养国际化会计人才遇到的障碍，从高校的视角提出我国现阶段国际化会计人才培养方面所存在的主要问题，并对高校的教育改革提出了一些建议，从企业的视角对企业在职人员如何进行国际化培训进行了探讨，最后提出高校应该与企业合作共同培养国际化会计人才。

兰飞、蒋园园认为高等教育国际化已经引起各国的重视，培养国际化顶尖人才越来越重要，根据财经院校中国际化人才培养体系的目标与原则构建了国际化人才培养体系的框架，并从培养目标、课程设置、师资条件、教学模式等方面细化了会计国际化人才培养体系的内容。

叶桂梁认为经济市场竞争激烈，我国会计人才培养模式相对落后，为了更好应对国际化市场竞争，应该加快会计人才培养模式的变革进程，为我国培养更多国际化会计精英，推动我国经济的发展，带领企业走出国门，积极参加全球市场的经济活动。

李继志、邓美云认为人才培养在一定程度上影响着国际化教育改革的进程，也是衡量高校教学质量的重要标志。根据高校在国际化会计人才培养中遇到的障碍，分析了人才培养质量控制的关键因素，并为国际化人才培养质量保障体系的建设提出了相应的策略。

刘杰、吕荣华认为目前企业对会计人才的素质要求较高，然而高校在会计人才培养方面无法充分满足市场高标准的要求，所以对我国高校会计人才培养过程中存在的主要问题进行了探究，进而总结了复合型国际化会计人才所需素质，对高校会计人才培养体系设计也提出了建议。

会计国际化要求会计人才应具备更加多面、综合的知识与技能，会计人才的造就应注重提高学生的素质、拓宽学生的视野、培养学生的应变能力等。在一定程度上，过去的会计教育已经无法充分满足会计国际化发展的需求，而具有扎实的会计专业知识、具备综合素质的会计人才已经成为新形势的需要。众多高校在会计人才的教学中应尽量完善会计知识教学的结构，提出新型的"宽基础、多学科"的培养机制，使得学生在未来不断变化的职业环境中稳定立足。作为一名优秀的国际会计精英，应该以本国经济利益为基本点，在不同国家的经济制度下进行双向的沟通与调整，以保障会计信息的真实，保证企业中经济活动的顺利进行。会计国际化为我国会计人才的培养提出新目标，培养会计学生的终身学习能力越来越重要，尤其在多变的经济环境下，学生具备继续学习能力显得特别关键。

综合上述内容，经济全球一体化发展要求国际化会计人才的支撑，每个国家都应予以重视，为了顺应时代的发展需要，国内学者踊跃对我国高校培养会计人才提出要求，致力于提升会计学生的综合素质，并对高校中的会计教学模式、课程编排、学生评价等方面进行优化，将传统教学的重心转变为时刻重视国际化会计人才的培育，使学生可以完全了解国际会计准则以及会计知识的变化，从而造就高层次、高素质的国际化会计优秀人才。

第四节　会计人才培养现状

随着社会的不断进步与发展，在许多行业里，传统的手工模式已经逐渐被"互联网＋"模式所取代。传统的教育模式受到了社会变革的巨大冲击。在高等教育领域中，信息技术的引入是高等教育跟随时代、引领时代、推动时代变革的最大创新途径。在过去的几年里，互联网受到全球人民的普遍关注，因为大数据时代的到来会给整个社会带来翻天覆地的变化，而这一变化首先波及的领域是高校，因为那里拥有思维最活跃、接受能力最强的学子和走在科技最前沿的教师。

随着大数据时代的到来，会计人才也将受到前所未有的冲击，会计工作越来越多地被信息系统取代。会计从业人员不仅要学习会计知识、财务知识与审计知识，还需要学习互联网大数据背景下的会计信息系统知识。

一、会计人才培养定位与目标

（一）会计人才培养定位

"互联网＋"时代，高校应与时俱进，以会计信息化人才培养为中心，突出会计专业学生的会计信息化能力培养与互联网技能发展；基于"互联网＋"背景，充分运用"会计人才知识能力化培养框架"，实现会计人才专业胜任能力与创新能力协同发展；以适应"互联网＋"时代社会发展需求和企业会计人才需求为导向，充分考虑社会经济发展需求，对接和服务社会经济发展和企业会计人才需要。

（二）会计人才培养目标

"互联网＋"时代为本校会计人才培养创造了新的机遇，也提出了新的挑战。"互联网＋"时代，会计人才培养重在面向未来，履行会计预测、决策、规划、控制和考核的职能，重在为企业经营发展提供全面预算、财务分析、绩效评估、风险防范、组织管理及商业策略，从而为企业创造价值。

总体而言，"互联网＋"时代，会计教育培养的会计人才要符合市场经济发展需求，具备高尚会计职业道德、敬业精神和诚实守信品质，掌握经济学、管理学、外语、法律、计算机应用和会计专业知识，具有实践能力和沟通技巧，具备企事业单位及其他相关部门胜任会计及相关专业岗位的综合素质，会计专业基础扎实，会计实践能力强，具有"互联网＋"时代创新创业精神的高级应用型会计人才。

具体而言，培养学生系统掌握会计学科、会计专业必需的基础理论、基础知识、基本技能及相应的互联网知识、技能，提高会计专业学生的"知识能力化水平"，使之毕业后能尽快满足"互联网＋"时代会计专业岗位要求，胜任会计本职工作。

总之，各大高校应充分重视"互联网＋会计教育"教学改革建设工作，采取各种有效措施加强"互联网＋"时代会计人才胜任能力培养，做好"互联网＋"时代会计教学工作的顶层设计，制定关于"互联网＋"时代会计人才胜任能力培养的五年规划建设方案，将加强会计专业学生的"互联网＋会计教育"知识技能培养、深化"互联网＋会计教育"教学改革作为重点内容纳入五年规划建设方案中，并提出明确的"互联网＋会计教育"人才培养目标、培养政策和科学举措，整体推进，配套实施。

二、市场对会计人才的要求

会计领域是传统的教育领域，但大数据的时代背景对这一领域提出了新的目标和要求，除传统的做账、算账、报账外，还应该参与内部控制、投融资决策、价值链管理、战略规划等管理。大数据时代的新目标和要求带来了传统会计的变革，这对高校培养会计专业人才也提出了新的要求。

（一）电脑应用技能

在会计专业的学生除了应熟练掌握会计学的专业知识外，还应该熟练掌握电脑应用的技能。目前，会计电算化已经非常普及，高校也开设了会计电算化等课程，以及上机实践等专门针对熟练运用电脑处理财务问题的应用课程。但财会部门作为一个公司的核心部门，由于工作的特殊性，财务工作人员还应具备简单的电脑维修技能以及一些简单的维护技能，从而更好地防止发生财务机密泄露的问题。

（二）数据采集和分析的能力

在大数据背景下，人们搜集数据的渠道丰富了，大数据的技术支持包括互联网、传感技术、云计算和物联网，但各种数据的蜂拥而至，又需要提升学生判断数据真实性的能力，并且需要在纷繁复杂的数据中提炼出对企业发展有用的数据，这对会计专业学生的学习能力又是一个巨大的考验，因此会计专业的学生应具备良好的数据采集和分析的能力。

（三）经营管理能力

在大数据背景下，会计对于企业的内部管理提供服务和帮助，会计参与企业内部经营管理，可以为管理者提供预测、决策、计划、控制、考核等高附加值活动，提升企业的经营效益和市场竞争力。所以，高校中培养会计专业学生良好的经营管理能力也是至关重要的。

三、会计专业人才培养的现状

近年来，我国会计教育的发展形势越来越好，各大高校纷纷开始开展会计专业教育。高校作为大数据背景下会计人才储备的最佳阵地，应该与时俱进，积极转变思路，进行教学改革，为社会输送更多的与大数据背景适配的会计专业人才，但就目前的情况看，还存在一些值得思考的问题。

（一）会计专业人才培养存在的问题

1. 会计专业课程设置不够全面

当前，虽然高校会计教育的组织者已经意识到了互联网大数据背景下对于会计人才的要求已经不同于以往，并不是开设几门课程、建立几个实验平台就能培养符合时代需要的会计人才，而是如何培养互联网大数据时代下的会计思维与理念，如何运用大数据手段更好地促进会计教育的转型与升级。但是由于条件的限制，对于如何在会计教育中融入信息化课程以及信息化课程如何设置，大多数高校都还停留在观望或实验阶段，成效并不显著。

2. 会计专业教师准备不够充分

与传统的讲授型课堂相比，大数据时代的课堂形式更加多样，如微课、慕课、翻转课堂等，教师和学生都不在同一时空，这对教师管理课堂提出了新的要求。但会计专业教师们一时还不能适应这样的非传统教学模式，只会使用传统的教学模式，显得和社会发展有些脱节。而且，由于"互联网＋"在大数据时代的应用，开始有了网络公司、新兴企业、云报销、大数据管理、在线财务决算等，都需要会计专业的教师转型升级，从实体课堂的教导者转变为学生会计学习的引导者、合作者、促进者与服务者。

3. 会计专业教学手段缺乏创新

随着大数据时代的来临，越来越多的高校学生开始喜欢和依赖智能化的设备，手机的功能越来越强大，课堂管理的软件越来越多，越来越能够满足人们的各种需要，越来越贴近年轻人的喜好。会计学习的模式也由课堂上学，变为"时时可学""处处可学"，但在高校中，由于各种因素的制约，课堂授课形式依旧是学生接受知识最直接的方式，教师仍然是课堂的主导者，学生仍然是被动的接受者，忽略了学生的主动性和参与性。

高校在会计教育中普遍存在重理论而轻实践的问题。一些学校只注重会计基本原理、基本理论和方法的教学，而忽视会计实践和会计能力的培养，进而出现教学内容和学生就业能力的培养越来越不适应的脱节问题。一些会计专业毕业生甚至不知道该如何从事会计基础工作。教师太过于强调教学和作业的重要性却没有很好地与社会就业相适应。同时，课程改革的滞后性使得课堂授课的内容仍然主要围绕会计准则与会计制度，缺少新兴会计学科的课程，缺少信息化的课程，很难培养出适应新时代发展要求的会计人才。

4. 会计专业教学考核偏理论化

通过一系列的调查分析发现，会计教育教学课程考核偏向理论和知识化的过程，对于学生实际掌握的就业能力无法很好地把握。例如，会计基础的考核只简单地停留在理论和过程的考核，如会计分录的编制和会计基础理论等，并不能考查学生的实际做账水平和能力，不能与时俱进地实行无纸化的电算化考核，教学和考核的脱节很难培养出高水平的会计人才。

（1）缺乏配套的会计实训和实习基地

一些高校没能够配备专业的会计实训室，诸如手工实训室、电算化实训室及ERP沙盘实训室等，至于校外的实习基地就更难以实现了。学生在大学期间没有参加学校组织的校外的实训课程，因而容易导致缺乏实习实践经验的弊端，不利于在会计行业的就业竞争。

（2）未能实行教学做一体化的模式

由于会计专业是一个具有很强操作性和实用性的专业，为适应就业，高校应该施行教学做一体化的教学方式，从而确保教学过程的实践性以及岗位性，落实实习环节。然而一些教师存在以己为中心的观念，没能树立以学生为中心的教育教学观念，使学生缺乏学习积极性。

（二）会计专业人才培养的措施

会计专业的人才不仅需要专业的会计知识，还需要熟练掌握电脑的应用技能，具备良好的数据采集分析能力和良好的经营管理能力。如何具备这样的能力，可以从以下几个方面入手。

1. 制订人才培养方案

根据大数据背景下对高校会计专业人才需求的变化，针对我国会计行业发展的现状，积极修订人才培养方案，制订出更符合行业发展需求的人才培养方案，推进课程改革，增加信息化课程，特别是大数据分析类的课程，确保学生所学知识能够学有所用。

2. 组建复合型教师队伍

教师是高校培养人才的主力军，如果专业知识不够丰富，专业技能不够扎实，那么将严重影响教学质量。因此，高校应该花大力气，下真功夫培养组建一支真正的高素质复合型的教师队伍，应该"引进来""走出去"，加强对这些教师的继续教育与培训，培养与大数据背景相匹配的整体性、混合性和相关性思维，时刻保持这支队伍与时代同步，从而更好地培养出适应社会发展的会计专业人才。

3. 改变传统教学模式

综合运用大数据相关技术，改变传统理论课教学模式，实现"互联网＋教育"的有效结合。大数据时代，有很多技术与媒介供我们使用，借此可以丰富理论课堂的教学手段，提高学生学习的积极性，激发学生学习的兴趣。比如，通过微课堂微信公众平台，在财务软件操作学堂、竞赛博弈在线互动学堂、文献评述写作学堂，通过看、听、说、用四个方面，为学生提供自由交流、自主学习、学习不间断的环境。此外，实施推广项目教学、情境教学、案例教学等教学方法，加大网络教学力度，摆脱路径依赖；全员使用"互联网＋教育"的教学模式，培养学生应用能力，提高教学效果。注重理论与实践的结合，强调基础理论知识的系统掌握和学科前沿的重点把握，通过鼓励学生参加创新创业比赛等，深化学生的理论认知。

①构建并完善理论与实践相结合，课堂理论教学、实践教学、专业竞赛交替的课程体系。在教学过程中穿插多种形式的校内外实践教学，通过边讲授，边实习实训，边参与专业竞赛的形式，将知识、能力、素质培养融为一体。

②按照会计岗位职业能力要求，设置业务导向型专业课。与会计师事务所等部门联合开发公共平台核心课和专业方向课，形成教学软件、教学大纲、实验实训方案、考核方法和考核指标体系等教学资源。

③实行课证结合，改革教学内容。增设与会计职称证书考试相关的证书课，优化"会计学""财务管理""中级财务会计学""经济法"等相关课程的教学内容，为会计职称证书等专业职业考试奠定基础。

社会的发展、市场竞争的加剧、现代信息技术在非会计领域的成功应用、企业数据库的不断完善、大数据的到来使得会计行业及会计人才面临巨大的机遇和挑战，也对会计专业人才培养的各大高校提出了新的变革要求。会计专业人才的培养应随着会计职业的转型而变革其人才培养模式，为推动社会经济的发展提供更好的服务。

4.建立校企合作模式

校企联合培养是指学校和企业合作，为学生培养提供软、硬环境，包括师资培养、案例共享、实验设备和实验环境等，按照校企共同制订的培养计划和大纲要求，共同培养学生的一种方式。为使培养出来的学生真正符合企业职业岗位的要求，保证学生培养的质量，应邀请多家企业代表参与人才培养方案的修订，让企业全方位、深层次地参与人才培养过程，即不但参与培养计划的制订，而且参与人才培养计划实施的全过程。积极加强校企合作，建立校外实习基地，建立校外实践教学基地，为学生的专业实习、毕业实习创造良好条件。深化"校企融合"育人机制，完善依托大会计能力平台和大数据技术平台加专业方向能力，形成重视执业能力、巧用创新能力系统集成式会计学科综合应用型人才培养模式，通过校内综合单项实验实训和校外实习，重点强化综合能力。实现岗位需求与能力培养、课程教学与证书考试、职业与职业迁移相结合，塑造自学能力强、自省水平高、适应能力快、踏实可靠的会计专业人才。

目前，为增加学生学习的针对性，许多学校都在积极探索这一合作模式，而校企合作模式对于学校的课程设置、实习实训、教学方法等都能起到很好的推动作用，最关键的是实行校企合作能够使毕业生更好地适应社会需求。相信在校企合作模式的带动下，必将使学生授课的时空更加拓展，形式更加受到学生的喜爱，从而培养出更适应社会发展的会计专业人才。

总之，在大数据背景下，时代对高校的会计人才培养提出了更多更高的要求，高校人才培养一定要立足社会需求和行业需要，不断拓宽视野，积极探寻改革，努力改进教学模式，从而培养出更多更优秀的会计专业人才。

第二章 "互联网+"背景下的会计教学建设

互联网时代的到来，促使会计行业迎来一场前所未有的变革。本章将具体阐述"互联网+"的概述、"互联网+"与会计教学以及"互联网+"背景下的会计教学建设三方面的内容。

第一节 "互联网+"概述

一、"互联网+"的含义

"互联网+"是指在创新 2.0（信息时代、知识社会的创新形态）推动下由互联网发展的新业态，也是在知识社会创新 2.0 推动下由互联网形态演进、催生的经济社会发展新形态。

"互联网+"简单地说就是"互联网+传统行业"，随着科学技术的发展，利用信息和互联网平台，使得互联网与传统行业进行融合，利用互联网具备的优势特点，创造新的发展机会。"互联网+"通过其自身的优势，对传统行业进行优化升级转型，使得传统行业能够适应当下的新发展，从而最终推动社会不断地向前发展。

"互联网+"是互联网思维的进一步实践成果，推动经济形态不断地发生演变，从而带动社会经济实体的生命力，为改革、创新、发展提供广阔的网络平台。虽然可以将"互联网+"理解为"互联网+各个传统行业"，但这并不是简单的两者相加，而是利用信息通信技术以及互联网平台，让互联网与传统行业进行深度融合，创造新的发展生态。它代表一种新的社会形态，即充分发挥互联网在社会资源配置中的优化和集成作用，将互联网的创新成果深度融合于经济、社会各域之中，提升全社会的创新力和生产力，形成更广泛的以互联网为基础设施和实现工具的经济发展新形态。

"互联网+"代表着一种新的经济形态，它指的是依托互联网信息技术实现互联网与传统产业的联合，以优化生产要素、更新业务体系、重构商业模式等途径来完成经济转型和升级。"互联网+"计划的目的在于充分发挥互联网的优势，将互联网与传统产业深入融合，以产业升级提升经济生产力，最后实现社会财富的增加。

"互联网+"概念的中心词是互联网，它是"互联网+"计划的出发点。"互联网+"计划具体可分为两个层次的内容来表述。一方面，可以将"互联网+"概念中的文字"互联网"与符号"+"分开理解。符号"+"意为加号，即代表着添加与联合。这表明了"互联网+"计划的应用范围为互联网与其他传统产业，它是针对不同产业间发展的一项新计划，应用手段则是通过互联网与传统产业进行联合和深入融合的方式进行的；另一方面，"互联网+"作为一个整体概念，其深层意义是通过传统产业的互联网化完成产业升级。互联网通过将开放、平等、互动等网络特性在传统产业的运用，通过大数据的分析与整合，试图厘清供求关系，通过改造传统产业的生产方式、产业结构等内容，来增强经济发展动力，提升效益，从而促进国民经济健康有序发展。

二、"互联网+"的特点

从网络发展的现实状况和未来趋势看，认为与传统社会相比，互联网呈现出一些新特点，具体如下。

（一）数字化

数字信号是一个技术特征，运用数字信号大大提升了计算机的存储、传导能力。互联网开启了数字化的时代，令很多过去的天方夜谭式的创意变成现实。互联网最原始的信息传递功能已逐渐被数字化取代，并以网络为媒介维系人与人、人与群体、人与社会的关系，而且这种作用会变得越来越重要。《数字化生存》的作者尼古拉·尼葛洛庞帝是这样描述互联网给这个世界带来的变化的："一个巨大的变化就是它已经是一个联系的世界。这种联系不仅是每一件事都与每一件其他事联系起来，也是移动的联系，而不是静止的联系，不是游离的行为。因此，这种联系才是巨大的变化。"

（二）信息化

信息化是当今世界经济和社会发展的大趋势，信息化程度标志着一个国家现代化水平和综合国力的高低。在互联网时代，信息已经变成一个重要的社会资源，是个人乃至国家、社会发展所依赖的综合性要素、无形资产和社会财富，可以说，对信息和信息技术的掌控能力已成为政党能力、国家实力的重要组成部分。互联网因其信息传递的形式和结构的改变，让过去的信息不对称程度降低，连接节点的可替代性得到提高，甚至有人简单地表述为"互联网时代是通过网络把各方面信息连接起来的崭新时代"。

（三）多元性

互联网的信息化、全球化已打破原有的社会结构、经济结构、关系结构、地缘结构、文化结构，继而影响权力、规则、关系的转变。同时，互联网这一大平台使各个国家、各个民族、各种信仰、各种社会群体交织在一起，东方与西方、传统与现代、理想与现实，互联网几乎打破了所有的固有边界，让人们能够更为自主地选择、参与、发展、冲突、交流，进而尊重、容纳。许多学者认为多元化是互联网社会的最重要的特征之一，也是科学、社会、经济等发展的关键性推动力量。

（四）开放性

互联网是开放的，任何人、任何时间、任何地点都可以进入这个开放空间，享有更多的自由与资源。尤其是进入万物互联的 5G 时代之后，人们拥有的不仅是更高速率、更大带宽、更强能力的技术，还是一个多业务多技术融合的网络，更是面向业务应用和用户体验的智能网络，最终打造以用户为中心的信息生态系统。传播一改过去的方式而呈现放射状、全开放的状态，信息的广度、速度、深度、自由度都发生了质的革命。互联网的开放性进一步拓展了普通人获取信息的通道，为人们的沟通、信息的交流、思想的碰撞提供了更多的便利。当然，泥沙俱下也成为互联网开放性的附属物，为管理者带来了新的挑战。

（五）交互性

随着互联网的出现，人与人之间的关系发生了新的变化，在广阔的世界里，与更多各式各样的人相连，彼此沟通、交流、影响，进而改变想法或影响行为。互联网让任何相互联系的群体或个人与在任何地方的任何其他人群交流成为可能，是有史以来最社会化的媒介，也第一次使距离和成本无关。人们在分享、互动中重塑自我，重新获得认同，同时被重塑的还有新生代的精神世界和情感世界。

（六）去中心化

人们在键入网址时输入的 www，或许有许多人并不知道它的含义，它是万维网发明人、互联网之父蒂姆·伯纳斯·李命名的"World Wide Web"的缩写。放弃专利申请的他对整个世界说"献给每一个人"。它的诞生使计算机、网络不再是研究工作者的专宠，普通人也可以共享共用。在这样的世界里，互联网穿透了社会的重重岩层，使所有人、各层级彼此面对。过去处于话语权中心地位的组织因互联网而被解构，社会结构开始由过去的中心化向扁平化转型。

第二节 "互联网+"与会计教学

一、"互联网+"与会计信息化

（一）会计信息化

1.会计信息化的特点

（1）数据处理速度快，准确性和精确度高

计算机具有高精度、高准确性、逻辑判断等特点，这使得数据准确性有明显提高。如在编制凭证时，若凭证不满足有关原则，则计算机立即给出错误提示，不允许保存错误凭证，从而减少了人为因素造成的错误。

（2）信息存储量大，存储时间久，全面实现共享

会计电算化可利用磁盘、光盘等存储工具，扩大信息存储量，延长信息存储时间，而网络则实现企业内部、同城市企业之间、跨区域企业之间数据共享和信息快速传递，增强信息处理的深度。

（3）管理、预测和决策能力高

会计信息化系统是企业管理信息系统的重要组成部分。实现会计信息化后，管理人员借助软件可实现已有的管理模型，如最优经济订货批量模型。而且可研制和建立新的计算机管理模型，利用模型迅速地存储、传递大量会计核算信息和资料，进行各种复杂的数量分析、规划求解。故管理者可相当准确地估计出各种可行方案的结果，挖掘企业内在潜力，提高管理、预测和决策的科学性和合理性。

2.会计信息化的意义

（1）减轻会计人员的劳动强度，提高会计工作效率

实现会计信息化后，大量的数据计算、分析等工作由计算机来完成，会计人员只需将原始数据输入计算机即可。

（2）提高会计核算质量

会计信息化不仅能减少手工处理会计数据的差错，且提高了存储会计数据的能力，细化了会计核算的内容，使许多在手工处理方式中难以实现的核算方法得到应用。例如，固定资产分项提取折旧，在手工处理时，因其分项过细，提取折旧类别太多而使得会计人员难以实施，而会计信息化系统则可轻松运用这一方法。

（3）促进会计工作职能的转变以及财会人员工作素质的提高

会计信息化系统把大量重复的数据处理工作交由计算机完成，会计工作人员不再受此困扰，能更迅速地转移工作重心，充分发挥会计参与管理决策的职能。会计工作职能也从财务会计职能转向管理会计职能。为了适应职能转变，会计工作人员在摆脱大量数据处理任务的同时，需要学习更多的知识，进一步提高自己的业务水平，努力向既懂会计、又懂计算机的复合型人才转化，提高工作素质。

（4）促进会计工作的规范化、标准化

规范化、标准化的会计工作是会计信息真实、合法、正确的基本保证。在会计信息化系统中，一般都建立了完善的内部控制制度，从数据输入到报表输出都有一系列的控制措施，使数据处理过程得到严格规范。例如，在操作中，执行结算功能时，要求所有凭证都必须记账，若检查发现有未执行记账功能的凭证，则不能结账。会计电算化的实施，在很大程度上促进手工操作中不规范、易出错、易疏漏等问题的解决。因此，会计实现信息化的过程，也是促进会计工作规范化、标准化的过程。

（5）建立全新的会计管理制度

电子计算机的应用，不仅仅是核算工具的变革，也会对会计核算的内容、方法、程序、对象等会计理论和技术产生影响。例如，由于账簿存储方式和处理方式的变化导致账簿的概念与分类的变化。而会计信息化的发展也使原有的会计管理制度显得滞后，会计信息化后必然要建立一个新的会计管理制度，对新生事物做出严格规范。

会计信息化系统广泛应用后，围绕信息系统的开发、经销、应用，形成若干专业软件开发公司、经销公司及系统维修公司、部门和人员，促使信息产业迅猛发展。大量计算机被用到会计信息化系统相关信息处理中，会计信息化的普及应用反过来也增加了对计算机软硬件的需求，促使计算机行业更迅速地发展。

（6）为整个管理工作现代化奠定基础

在现代社会中，企业不仅需要提高生产技术水平，而且还需要实现企业管理的现代化，以提高企业经济效益。会计工作是企业管理工作的重要部分，据统计，会计信息约占企业管理信息的 60%～70%。实现会计信息化，为企业管理手段现代化奠定了重要基础，带动或加速企业管理现代化的实现。

（二）会计信息化与手工会计的联系和区别

1. 会计信息化与手工会计的联系

（1）基本目标相同

无论会计信息化还是传统的手工会计，其基本目标都是加强企业经营管理，为企业经营管理提供会计信息，参与企业经营决策，提高经济效益。

（2）基本职能相同

会计信息化系统和手工会计都具有数据收集职能、数据传输职能、数据加工职能、数据存储职能、信息输出职能。

（3）遵循相同的会计理论和方法

会计理论是企业会计实践的总结，会计信息化虽然发展了会计理论，使会计工作有了很大的变化，但从根本上来说，这种发展仍是原有会计理论的延伸。

（4）都要遵守有关的会计法规财经制度

任何会计信息都必须严格执行会计保密制度，也都必须按照财经制度进行操作。

（5）对保存会计档案、编制会计报表的要求相同

会计信息化和手工会计都要求企业按照管理的要求来有效地组织保存会计档案，都要求编制财务会计报告向投资者、债权人、政府及社会公众提供企业的会计信息。编制财务会计报告的目标也完全一致，即向财务会计报告使用者提供与企业财务状况、经营成果和现金流量等有关的会计信息，反映企业管理层受托责任履行情况，帮助财务会计报告使用者做出经济决策。

2. 会计信息化与手工会计的区别

（1）运算工具不同

传统的手工会计主要将算盘和计算器作为运算工具，会计信息化则以计算机为运算工具。

（2）信息存储介质不同

手工会计将纸张作为存储介质，存在着占用空间大、数据检索烦琐、数据一致性差等缺点。会计信息化则主要以磁盘为存储介质，同时可以采用 U 盘、移动硬盘等作为数据备份存储介质。与纸张相反，磁盘等存储介质占用空间很

小，数据查找方便，数据一致性强，并且随着技术不断进步，存储容量正在不断扩大。

（3）数据输入方式不同

手工会计输入数据的方式主要是人工编制。会计信息化的数据输入方式则是人工编制加上机内编制。在会计信息化中，可以由会计人员手工编制记账凭证，并输入计算机，由计算机进行记账等操作，也可由会计人员手工编制原始凭证，由计算机自动生成记账凭证，完成记账等工作。

（4）数据处理组织方式不同

手工会计信息系统数据处理方式是分散收集、分散处理；会计信息化系统数据处理方式是集中收集、集中处理。通常手工处理会计数据时，按会计业务性质分组进行处理，如分为材料组、工资组、资金组、成本组、固定资产核算组。各组间主要是通过信息资料的传递和交换建立联系，因此要求各组间要相互稽核，相互牵制。计算机会计信息系统由于其内部控制制度和机制更为严密，存储容量大，运算能力强，承载能力强，无须再分成若干组核算，所有数据处理均由计算机集中自动完成。

（5）人员组织体系和内部控制制度不同

由于会计信息化下数据处理组织方式不同于手工，这一改变导致组织体系和内部控制的调整。原有的部分工作岗位被计算机替代（如数据处理工作），而信息系统的开发、设计以及运行维护又产生一些新的工作岗位，岗位的增减变动导致企业人员的重新分工，内部控制体制也随之做出调整，从而带来内部控制制度的改变。岗位被替代的会计人员需要转向会计管理工作，参与企业管理。

（6）信息输出方式不同

所谓信息输出，简单而言就是指最后的财务会计报告以何种形式提供。在手工会计下，所有工作都由人工完成，因此，其信息输出方式是由会计人员手工编制会计报表。而在会计信息化中，输出方式可以有文件输出、屏幕输出、打印输出等多种形式，相比于手工会计，会计信息化下信息输出方式更为灵活方便，效率也更高。

二、"互联网 +"背景下会计教学环境

任何形式的教学活动都会受到相关外部条件的影响，我们将这种外部条件统称为教学环境。而会计教学的相关外部条件之间相互影响、相互制约，形成了一个纵横交错、复杂的网络，从而对会计教学活动的展开产生了深远影响。在知识

经济时代，经济全球化的步伐也从未停歇，而互联网的普及又使得会计教学环境具备了因素复杂、变化迅速的特点。在这样一个大的时代背景下，会计教师只有快速适应环境变化，并制订适合的培养计划，着重对学生的适应、应答及创新利用能力进行培养，才能培养出符合市场需求的新型人才。在当前"互联网＋"背景下，会计教育的开展应对以下几方面的因素加以注意。

（一）社会环境变化

经济基础决定上层建筑，社会经济环境的发展为会计行业的生存提供了必要的土壤。在企业对自身运行机制及管理模式进行大变革的同时，会计行业也逐渐将其涉猎范围由简单提供财务服务扩展到能为企业破产、兼并、租赁等活动提供相应服务；而其服务内容也增加了投资、网络交易、三方交易等方面。

会计行业的这些变化都是在生产力发展促进生产方式发生转变的基础上实现的。换句话说就是物质资料决定生产方式。21世纪，我国对政府与企业之间的关系逐步调整，政府职能更加注重增加社会福利，完善社会保障，并将环境保护作为国家经济进一步发展需要首先解决的问题。在这样的努力下，我们有理由相信我们的生活环境将会逐渐改善，社会教育环境也会逐渐净化。

与此相适应，随着互联网经济和网络银行等一系列线上交易的开展，有关环境保护、社会福利、社会保障等方面的会计学知识将进一步完善，并逐渐成为占领大学会计教学内容的重要组成部分。政治环境包括一个国家在一定时期制定的各项路线、方针、政策和整个社会的政治观念，它属于上层建筑范畴，会对会计行业的发展产生直接影响。不同的国家政权不论是在市场资源配置和管理的要求重点方面还是在社会财富的衡量标准、财务的计算处理方法方面，都是与国家政治体制相适应的。随着市场经济体制的确立、改革开放进程的加快，金融市场变得更加重要。在我国金融市场不断发展、产业资金与金融资金的联系也日益紧密的现实条件下，金融资本在经济发展方面的影响力不断扩大。随之而来的是银行会计、保险会计等日渐重要的会计形式也成为会计教学的主要内容之一。

（二）全球经济一体化

在世界经济逐渐成为一个紧密整体的今天，全球的商品、信息、技术和服务等资源都以实现全球资源的优化配置为目的而自由流动。会计行业在经济全球化的进程中扮演了推动者的角色。会计与音乐等事物一样是没有国界的，因而可以作为商业交流的专用术语流通于各国。然而国际会计准则之间的巨大差异成为经济全球化发展的巨大绊脚石，它不但会增加资金消耗、浪费资源，同时也会在各国贸易时引起纷争。因此，制定一个国际共同认可的会计制度与准则势在必行。世界经济全球化是推动会计行业国际化的原动力，而经济全球化又对我国会计教育的发展提出了新的要求。跨国公司的大量涌入及其适应性的生存策略，对我国相关人才的需求也提升了很多档次。全能型国际人才日益成为市场需求的主流。

在这样的国际形势下，国外教育机构纷纷采取优惠政策吸引中国学生出国深造，与此同时，国外企业在中国办学教育的限制也逐渐宽泛，从而对我国教育行业造成了激烈的竞争。而会计资源的争夺又给我国会计教育事业的发展提供了新的契机。我们可以将国外成功教学经验与我国的具体国情相结合，制订适应我国的会计教育发展策略。

随着经济全球化的深化，克服因国家之间社会背景及经济、政治背景不同所造成的会计准则与规范的差异，摆脱束缚国际通用商业语言会计发展的羁绊，以增加会计信息的可靠性，推动会计国际化，降低交易成本，进一步推进国际贸易的开展，已经迫在眉睫。因此，有必要从国际角度对会计行业的语言障碍进行交流调整。在经济全球化的背景下，经济危机也国际化，一个国家的财务危机很容易波及另外的国家，也就是说国际环境日益复杂，也增加了会计改革的迫切性。在日益发达的科学技术强有力的支持下，我们有理由相信会计国际协调一定会取得有效的进展。

（三）信息技术革命

全部社会经济的运营模式形成彻底性改变得益于成长的现代信息科技，其核心是网络、通信与计算机科技。

第一，会计信息体系依托于现代信息科技，它是由高功率、智能化的信息治理体系在网络环境平台上创建的，它不仅能够高度分享会计信息，把会计信息体系改变为一个开通的体系，并将其计算得只能拓宽为治理与掌控职能，而且能够深度自动化处置会计事务，并及时和自主上报会计信息。

第二，会计主体传统的金字塔式组织构造将在信息科技的推动下被新的网络组织所代替，中层管理将渐渐淡出历史舞台，而下层与上层的关系更为直接密切。如何创建能准确监察和反映公司经济行为这一问题必然会随着变化的会计主题而提出。会计受现代信息科技的影响一定要与会计教学相符合，对教学方式、手法、内容实施相应的变革。

（四）知识经济的发展

在经济当今以知识为基础的经济社会发展中，人类的知识储备和对有关信息的创造利用越来越发挥举足轻重的作用。换句话说就是人类的智慧在经济竞争中的地位越发重要，知识就是生产力。中国科学院在有关知识创新的调研中指出：有关证据指出世界经济合作与发展组织主要成员国经济发展的主要动力是知识。知识已经成为经济发展的主要生产力之一。同样，在知识经济的时代背景下，会计行业的生存环境也做出了相应的调整适应。财务工作者需要适应时代需求不断更新知识储备和工作技巧及手段，以期能真实地对经济真实发展情况做出反馈，从而为国家和经济社会的发展培养更多优秀的会计专业人才。

在知识经济社会中，虽然依旧有工农业的存在，但越来越多的人参与到新型经济中，其主要特点之一就是投放无形资产，提供越来越多的高回报的服务性业务种类与工作职位给具备多种知识的人才。这不单为会计的职场功能的充足发扬供给了宽广的空间与极好的机会，也为变革会计教学供应了充足的经济支撑与物质保障以及创建了优秀的环境。知识经济时期发展的信息科技为创新会计教育方式与教育手法提供了技术支撑，会计教育方式会被衍生的讯息科技工具所完备与充足，而会计教育的基本手法则为网络与电脑科技。

（五）教育机构的竞争

在全球化的今天，竞争日益激烈，竞争的领域也逐渐延伸到了教育界。在这样的社会潮流背景下，国内高校兴起了与国际相关组织合作的高潮。在会计行业主要表现为将国内的学历教育与会计资格证的国际认可相结合，一方面有机会培养出国际认可的专业技术人员，另一方面在一定程度上对我国会计教育的落后局面也有一定的改善。而且中国学员众多，市场广大，也吸引了许多国家纷纷为中国学生亮起了绿灯，并制定了如放宽签证条件等一系列的优惠政策。而与此同时，我国对在华兴办教育的条件也做出了相应的调整，以欢迎更多的国家来中国兴办教育。在这样的历史条件下，本土的教育结构就与国外新办的教育企业形成了直接竞争关系。互联网的普及加剧了两者之间的竞争关系。国际教育唾手可得，而国际教育机构的兴建也是一把双刃剑。一方面，在争夺教育资源的同时，为我国会计教育行业提供了接触先进知识的机会，有利于会计教育机制的改革和发展；另一方面，国际会计教育的兴起，使我国会计教育的发展面临巨大的挑战。顺应时代发展潮流、培养适合时代竞争的新型人才是我国会计教育界必须认真应对的挑战。

三、"互联网 +"背景下会计教学存在的不足

目前我国会计人才，尤其是高端会计人才主要是通过高等教育来培养的。然而，我国会计高等教育的现状基本上不能满足互联网时代对会计人才的需求。下面将围绕"互联网 +"对会计教学的影响展开论述。

（一）课堂教学面临前所未有的挑战

课堂教学面临前所未有的挑战，一个普遍的现象是，教师经常抱怨学生利用手机或平板电脑之类的新技术在课堂上做各种"不相关"的事。近期，无锡商业职业技术学院以"聚焦手机依赖行为、关爱青年学生成长——'大学生手机依赖行为与课堂质量影响'"为主题，对江苏省全省 16 所本专科院校的 1000 余名大学生开展了为期 7 个月的调研。此次调查显示，上课时经常使用手机的学生占到 32.5%，偶尔使用手机的学生为 41.3%，两项之和已达 73.8%。大学生手机依赖行为是一个普遍存在但没有得到重视的问题。上述现象从一个侧面表明课堂教学面临前所未有的挑战。具体表现在两个方面。

1. 学生厌学

互联网时代不但学生获取信息的渠道四通八达，学习方式多种多样，而且互联网本身提供了许多优秀的教学资源。面对互联网技术的影响，课堂已不再是唯一获取知识的渠道，学校面临其他知识来源的竞争。

2. 教师厌教

互联网提供了丰富多彩的教学资源，不仅仅包括文本内容，还包括音频、视频、图片等学习资料。互联网具有连接、开放、共享等特征，是天然的知识创新、传播与分享工具，所以互联网时代教师已不具备信息优势和知识优势。如果需要教师讲解，其目的应该是使课堂自身更具吸引力，从而使学生不致被网上活动分心。如果教师从头讲到尾，缺乏互动，没有激情，将使得课堂教学枯燥和乏味，加之学生不爱听，加剧了教师厌教的现状。

（二）课程体系无法适应现实发展的需求

目前，我国会计学专业课程设置存在课程过多、结构不合理等问题，有些教学内容也比较陈旧和滞后，一些课程之间内容重复也较多。阎达五和刘汝军研究发现一直以来学术理论都在会计专业的教育中占据重要地位，但与会计职业的飞速发展相比，会计专业的教学计划、课程设置无法适应会计实务不断发展的需要。刘永泽和孙光国研究发现，与国外会计学专业总共约 24 门课程相比，我国大部

分高校会计学专业的课程超过 50 门，每门课程学时数也大大超过国外水平。课程过多导致学生学习不深不透，而课程结构不合理和教学内容陈旧滞后导致学生无法适应会计实务不断发展的需要。传统会计教育已无法培养出工业 4.0 社会与"互联网＋"时代真正需要的创新人才，学校"标准化课堂"的教学理念、课程体系、教学内容越来越脱节于社会的发展。因此，如何通过学科课程体系和教学方法的优化，来保证学生基本理论素养的形成，并为就业和继续学习深造打下一定的基础，是各高校会计教育中的一个紧迫问题。

（三）教学方式不能满足信息社会的要求

技术在教学中扮演着重要的角色。历经口头传播、书写传播、广播和视频、计算机技术，可以看出，在很长一段时间内，教育都应用并适应了技术的发展。将互联网时代与之前时代区分开来的是高速发展的技术，以及人们将以技术为基础的活动融入了日常生活。尽管如此，互联网技术在很长一段时间保持在教育的边缘地带。阎达五和王建英认为从 20 世纪 90 年代开始信息科技和网络技术飞速发展，传统的教学手段和教学方式已不能适应信息社会的客观要求，我们应当进一步考虑在会计教学中如何充分利用现代技术。事实上，近年来技术已经越来越影响到大学的核心教学活动。例如，从在线教育、混合式学习、开放学习、慕课等发展趋势来看，技术对教育的影响力正在从边缘向中心过渡。这些教育技术的迅速发展意味着院系和教师需要很强的体系框架去评价不同的、新的或者已有技术的价值，以决定教师和学生如何或何时正确地使用这些技术。

针对领军人才的问卷调查相关数据表明，只有 1.54% 受访领军人才对目前大学的教学方式"很满意"，约 65.86% 的人对目前大学的教学方式感到"基本满意"，还有 32.6% 的人"不满意"目前的教学方式。而针对 MPAcc 学员的问卷结果表明，"很满意"的占比 30.38%，"基本满意"的占比 62.46%，"不满意"的占比 7.16%。我国现阶段的大学教学方式依旧存在不同程度的问题，需要结合发展和社会需求不断变革。

（四）教师队伍无法满足互联网时代的需求

环境的变化给会计专业的教师提出了更大的挑战，他们必须不断在课程设置、教学内容、教学方法等各方面进行创新。新技术虽然为会计专业的教师提供了很多工具，但这些工具的具体应用必须依靠教师的力量。随着我国会计教育事业的不断壮大，在互联网时代，教师正面临着以下挑战：一是教学要有助于发展当今社会需要的知识和技能；二是应对不断扩大的班级；三是教学方法要适合越来越多样化的学生群体；四是应对多种不同的教学传递模式。遗憾的是，总体来说，许多教师很少或没有受到关于教学方法或学习研究方面的培训，甚至很多学校的教师缺乏足够的培训去应对快速发展的技术，而现有的一些培训尚无法充分满足互联网时代教师的需求。

第三节 "互联网＋"背景下的会计教学建设路径

一、"互联网＋"背景下会计教学的专业建设

高等教育的目的，就其所培养的人来看就是能够培养出社会所需要的某一领域的高级专门人才，而所谓的高级专门人才也就是经过一番努力之后实现了人们预先在心理、技能和人格特征等各个方面所设想的达到较高水平的心理预期的人。所以，会计专业作为高等教育的一部分，自应承担起培养出社会所需要的技术人才的义务。下面介绍"互联网＋"背景下会计专业建设的基本框架。

（一）"互联网＋"背景下会计教学专业建设的内容

特色专业建设是高校在一定的办学思想指导下和长期的办学实践中逐步形成的具有特色的专业。具体而言，特色专业是指一所学校的某一专业，在教育目标、师资队伍、课程体系、教学条件和培养质量等方面，具有较高的办学水平和鲜明的办学特色，已产生较好的办学效益和社会影响，是一种高标准、高水平、高质量的专业，是"人无我有，人有我优，人优我新"的专业。它包括以下几点内容。第一点是培养计划的建设，要明确本专业是为了培养什么人才，又该怎样培养人才。第二点是师资力量的建设，教师是课堂的关键，学生是课堂的主体，教师的教学质量直接影响了学生的学习质量。第三点是基地的建设，需要有一个强有力的领导机关，能够做到分工有序，并且管理和监督学生进行专业学习。第四点是教材的建设，教师上课所讲的内容来源于教材，学生学习的内容也是教材上的内容，所以必须要有专业的、符合学生学习习惯的课本。第五点是实验室的建设，自从教育改革后，国家和社会更加注重学生的操作性，所以，高校要建立设备完整的实验室供学生完成实验。这几个方面的建设并不是相互独立的，而是相互联系、相互促进的。只有达到五位一体，才能从真正意义上促进专业的建设。

（二）"互联网 +"背景下会计教学专业建设的目标及原则

1. 会计教学专业建设目标

会计专业将以产学合作紧密，行业特色鲜明，社会与行业认可度高，实验实训设施一流，"双师"结构教师队伍素质优良，产学结合人才培养模式全面开展，项目课程与教材建设成效显著，向全国会计行业输送大量操作型、技能型专门人才为建设目标。

（1）总体目标

以校企合作、工学结合为基点；以校企组合、仿真实训为特点；以会计岗位核心能力培养为重点；以建立典型的会计工作任务课程为要点；以专兼结合的优秀专业教学团队建设为支点，提高专业教学质量和专业人才质量，发挥专业示范作用和引领作用，服务行业企业的需要和地方经济发展的需要。

（2）指导思想

以科学发展观为统领，认真贯彻党的教育方针，坚持以服务为宗旨、以就业为导向、以质量为核心，结合区域经济发展状况进行专业人才培养定位，充分关注学生综合素质的培养，全面推进素质教育，全面提高学生素质。深化教育模式改革，推进教育机制创新，着力提高育人效益，突出学校办学特色。

根据会计人员职业岗位和工作过程的职业要求，参照会计人员相关资格考试标准，工学结合，与行业和企业合作，改革课程体系和课程内容。课程设计与开发应以会计职业能力为基础、以会计工作结构为框架、以会计工作过程为主线、以会计工作实践为起点、以学生的终身发展为最终目的。

2. 会计教学专业建设原则

（1）市场需求导向性原则

市场需求导向性原则是指按照毕业生就业市场需求来设定人才培养目标，专业建设以满足职业岗位的人才规格要求为目标，使培养出来的人才让用人单位满意。要找准专业定位，深入市场，了解市场，研究市场；要兼顾产业、行业、企业、职业、就业五要素。既要从产业结构的宏观层面上把握专业的门类，又要能够从职业岗位的微观角度把握人才的培养规格。从市场对人力资源需求的角度分类、总结、提炼出不同岗位群的能力需求，以此来确定专业设置和人才培养目标。

（2）人才培养持续性原则

人才培养持续性原则是指在专业人才培养方面既要注重培养学生专业技能，又要注重培养学生可持续发展的潜力。面对愈来愈严峻的就业压力，学校往往希望培养出来的各专业学生上手快，实践动手能力强，能适应工作岗位的实际需求，迅速得到用人单位的认可，而往往比较容易忽视学生的德育发展和沟通合作能力。一般而言，专业培养目标要提出知识、能力、素质三个方面的基本规格要求，培养出来的专业人才应该是知识、能力、素质协调发展的人，是具有可持续发展潜力的人。

（3）专业建设特色性原则

专业建设特色性原则是指专业建设应符合行业、地方经济发展的需求，形成自己的特色专业群。特色是专业建设的灵魂，因为形成特色专业更易吸引企业开展订单式人才培养。在专业建设中既要保持和发展已有的优势，又不能故步自封，死守已有的优势，要以超前的眼光，瞄准社会职业岗位群的核心能力需求，不断创新，保持优势，使特色专业市场前景广阔，充满发展活力。

（三）"互联网+"背景下会计教学专业建设的策略

要想加强会计教学专业建设，就必须明确专业办学思路，构建具有专业特色的课程体系；强化专业师资队伍建设；深化改革，完善会计学专业的实习基地建设，培养应用型人才；加强学生专业特色培养，提高学生适应社会的能力。下面我们就来全面地分析应该如何做才能加强会计专业的建设。

1. 准确的自我定位

许多会计专业的学生不懂得市场到底需要什么样的人才，自己又应该成为哪一方面人才，所以缺乏学习自主性，而往往毕业后又无法找到对口的工作。这告诉我们，一定要找准自己的市场定位，摸清市场行情，预计市场走向，了解自己未来的走向，明确自己的目标。

2. 详备的方案设定

如果连准备都没做好，那么机会自然看不上你。当然，方案并不是像以前我们所说的提出一个小目标，这个方案应该是十分详细的，在学生的不同阶段要有不同的方案，在相同阶段的不同时期，也要有不同的方案，否则，这份方案就没有那么强的实用性。会计专业学生众多，年龄参差不齐，能力也各不相同，但是他们最终面临的问题都是就业创业问题，所以方案的设定必须围绕这一根本问题，方案必须解决如何明确目标、如何找准自己的定位、如何分析自己的求职岗位、如何在岗位中干出一番事业等相关问题。

3. 有效的教学材料

教师上课说得最多的一句话就是一切以教材为准，教材就像准则一样，教师上课是依照教材上课的，而学生也是依照课本来进行学习和复习的，所以课本在学生的学习过程中有着极为重要的作用。什么是好教材呢？教材的评价标准应该以学生为主体进行建立，或者至少在现有的标准上增加一项"学生反馈"。因为教材的最终价值是要靠学生的使用来实现的，只有学生通过教材得到尽可能多的教益，教材的价值才能被充分地发挥。

按照这个思路，理想中的好教材应该是有趣、有用、亲切、有精神启迪的教材。只有这样的教材才能受学生的欢迎，影响学生的思想，达到强化教学体系建设的目的。

4. 完备的教学体系

完备的教学体系是由教学过程的知识基本结构、教学内容设计、教学方法设计、教学过程设计和教学结果评价组成的统一的整体。所以，它必须以提高学生的学习质量为目的，具备教学顺序、过程、方式、方法、形式、内容、反馈、评估、总结、比较和推导等一系列教学要素。这样才能实现教学各个要素的配合和协作。

5. 完善的实验设备

如果一所学校没有完整的教育设备、实验器材，学生只能完成一小部分的实验学习，这对于学生实验能力和动手能力的提高是十分不利的。所以，学校应尽可能地完善学校实验设备，为学生提供良好的实验环境，同时可以出台相关政策并加强与其他学校的合作，整合其他学校的资源，提高资源的利用效率。

6. 线上与线下结合的教育方式

自从教育改革后，线上教育和线下教育相结合的方式得到了提倡，要求学生具有更强的自主学习能力以及自律性，同时教师也应该改革自己的授课方法，引起学生的兴趣，提高学生在课堂上的参与度和积极性。这就要求教师增强责任心，不能故步自封，要加以变革。那么，教师该如何变革呢？一是可以利用信息化的技术对传统的课堂进行变革，采用添加动画、音频的手法来激发学生的学习热情。二是因材施教，抓住不同学生的不同特点，采用不同的方法，联络学生与自己的感情。同时可以利用线下课堂对学生的学习情况做出更好的判断，这样做能大大提高资源的利用效率。

二、"互联网 +"背景下会计教学的"双师型"建设

如今是一个全球互联网化的时代，而"互联网 +"是互联网发展创新下的新业态，是知识社会创新推动下的互联网形态演进及其催生的经济社会发展新形态。通俗地说，"互联网 +"就是"互联网 + 各个传统行业"，但这并不是简单的两者

相加，而是利用信息通信技术以及互联网平台，让互联网与传统行业进行深度融合，创造新的发展生态。那什么又是双师型教师呢？双师型教师就是"双证"教师或"双职称"教师，是高职教育教师队伍建设的特色和重点。由于专业会计教师的缺乏，学生的学习和学校的专业建设都面临着萎缩的困境，所以，大力加强"双师型"教师队伍建设，已经成为社会和教育界的共同呼声。

（一）"双师型"教师的总体介绍

2000年，中国高职院校的发展刚刚开始，还处于起步阶段，主要依靠学习国外职业技术教育的成功经验。2000年初我国首次提出了要培养"双师型"教师的概念。随着高职教育的快速发展，国家示范性高等职业院校转变了师资队伍建设战略，完成由"双师型"教师培养到"双师型"教师队伍建设的战略性转变，从而完善我国师资队伍的建设，全面提高高等职业院校办学质量，满足社会对一线工作者高素质、高技能的应用型人才的迫切需求。

"双师型"教师主要是指我国从事职业教育的在专业以及操作技能方面具备综合能力的教师。这也是职业教育不同于普通高等教育的特点与优势，也说明了国家对职业教育师资队伍所拥有的专业技术能力的总体要求。职业教育的教师也可以是高职院校在外聘请的专门从事相关专业工作的人员，这也是职业教育的特殊性所决定的。按照地方性综合职业院校的特点，规定专业理论和实践指导方面教师的构成比例。在国外"双师型"教师的培养已经有很多成功的经验，我们也可以借鉴先进国家的成功案例，再综合我们具体国情制订教师培养计划。德国的"双师型"教师就是由两大部分组成的。1999年，德国某职业院校的统计资料表明：他们有专职教师245人，兼职教师高达500人，这些兼职教师承担了学校80%左右的教学量；同样，新加坡非常重视"双师型"教师队伍建设，一大批教师是来自企业的经理和业务骨干；在美国，从事职业教育的教师每年都会参加培训，深入企业锻炼实践能力，提高综合职业能力。因此，我国也要改变体制，吸引优秀的企业人才成为兼职教师，也可以创造条件，增加在校教师的培训机会，为培养更多"双师型"教师做出努力。

（二）"双师型"教师的专业能力

1. 专业学科知识

首先，一个人无论从事何种工作，如果不熟悉和精通该工种的业务知识，其工作效果是可想而知的。当教师也一样，教哪一门课，就应该成为这门学科的行家，至少对这门学科的知识烂熟于心，讲得清，问不倒。如果会计教师的文章写得不够好，或是数学题不会演算，学生不会苛求你，但若是对自己任教的学科相关知识讲不清，那就要负"误人子弟"的责任了。

其次，作为会计教师，只掌握一门会计课显然是不够的，应该对整个会计专业的相关课程都有所知晓，甚至是精通。尽可能通晓更多的会计学科，不仅是为了拓宽自己的知识面，也是为了取得更好的教学效果。对教师来说，只有具备了多门学科的知识，才能准确地把握它们之间的联系与区别，也才能讲清楚这一门课。

2. 专业实践能力

对于具有"双师"性质的教师来说，在将本专业的理论基础知识牢记脑中的同时，更需要在实践中锻炼并运用所学基本技能。这就更要求"双师型"教师一方面需要学习教育理论知识；另一方面也应使自己的专业技术、技能进一步娴熟和深化，同时还得兼备一定的生产实践经验，能在一定的条件和环境下进行自主探究和实验发明。这样的教师才能在教学中从各个方面教导和影响学生，才能给学生树立正确的榜样示范作用，从而指导学生进行生产实践。

教师是否具备较强的动手实践能力，对教师的教育教学过程起着至关重要的作用。因为对于学生实际动手能力的养成、核心岗位的获得来说，教师的直观示范起到了主导作用，学生则处于一个模仿学习的自我能动过程。由此可见，具备较强的实践能力和职业岗位相关的操作方法和技能对于教师而言是非常重要的。

3. 组织管理能力

对于学生群体来说，教师便是这个群体的直接首领。不管是在课堂上，还是在课外、校外的教育教学活动中，教师都必须发挥其统筹组织管理的能力。因此可以说，是否具备较强的组织管理能力，也是影响教师自我发展的因素之一。有这样一个实例：在一次访谈中，一位有多年教学经验的教师谈到，对于一名教师来说，必须具备较强的课堂管理、调节、掌控能力。总的来说，组织管理能力包括班级管理与教育活动能力、社会活动能力、实习实训组织能力等。

（1）班级管理与教育活动能力

"双师型"教师能够依据课程标准和学生身心发展的阶段规律、思想品德和职业道德的形成特点开展教学教育活动，并将对学生的各种指导渗透在教学的每个环节之中，如职业方向指导、就业创业指导和培养面对应急状况的能力。

（2）社会活动能力

"双师型"教师具备较强的社会活动能力也是非常重要的，因为不同教育阶段所教育的学生要在未来面对不同的可能状况。比如，必然要面对走出校门、投入社会的局面，作为高校教育的教师首先要具备较强的社会活动能力，并且对所处地的经济发展状况和社会需求、风土习俗要有一定的涉猎，只有这样才能给予学生更好的指导。同时，这种指导不能杂乱无章地进行，需要有目的、有计划地向学生进行渗透，如可以组织学生去农村、工厂等实地考察，使学生亲身经历，才能更好地了解区域性经济的发展程度和社会对人才的需求度，为学生更好地投入和适应社会做良好的心理建设。

（3）实习实训组织能力

对于高校教育而言，具有实践性质的教学是其整个教学链条上的重要一环，因此要求高校教师更应具备实践教学能力。教师的教和学生的学是一种交互性的活动，古语有言：教学相长。在这种实践性的教学活动中教师和学生都能够得到一定程度的提升，相互影响，相互促进。因此，在这种现实性的迫切需求和文化传统之下，教师更应该注重从实践的角度去组织教育教学活动，加强实习、实验、实训等实践性教学环节的学习，培养实践教学组织能力。

教育的组织管理是一个涉及方方面面的复杂的系统性工程，要想确保教育过程的顺利开展，必须对教育的管理机制进行强化。"双师型"教师作为教育教学阶层的主要监管者，要想实现教育目的和培养目标，必须拥有科学的、高水准的管理能力。

4. 开发与研究能力

（1）校本课程开发能力

校本课程开发能力总的来说代表了一种关于教育教学的开发设计能力，它主要指的是在"双师型"教师的角色特殊性的影响之下，如较强的创新性、强烈的职业责任感和归属感、寻求新的变革的心理特质等，辅之以"双师型"教师已具备的丰富的教学经验、独特工作经历以及对社会风向的自我把握，重新对课程体系与结构、课程编排与课程内容、课程评价与教学方法及建议开发设计的一种能力。

（2）科学研究能力

教师已然不单是传道者和解惑者，更是课程的开发者。对于高校教师而言，更要具备科学研发的职业行为和职业能力，这是大学教师的必备要素。对于教学研究能力而言，它主要是指将与教育无关的某些行业或职业的知识以及具体的实践能力转为可实施的且有成效的高校教育教学的实践能力。对于"双师型"教师的应用科学研究的能力来说，它主要是指把理论和实践联系起来从而得出的创造现实生产力的能力。

（三）"双师型"教师的素质内涵

1. 教书与育人相辅相成

所谓教育，就是教书育人。很多人将教育误解为就是单纯的教书和学习，其实在教师进行教学的同时也起到了育人的作用，教书和育人是教育的两个方面，它们都是相辅相成的。在教书方面，教师要积极探索新的教学方法，创新教学方式。而在育人方面，教师也要培育好学生的心智，培养好他们的道德品质，管理好他们的行为。

（1）富有爱心、责任心，关爱学生，树立"每一个学生都能成为有用之才"的坚定信念。教师在对学生的情感中掺不得半点虚假，让学生感受到教师的爱是每个教师的责任所在，以人为本，一切以学生为主也是教师忠于社会主义教育事业的责任所在。那么，教师又应该如何表现出自己对学生的爱呢？怎样又算是表现出了自己的爱呢？首先应该是教学上的公平，只有让学生处于一个公平的环境中，他们才会公平地去对待学习，对待老师，不让学习带有仇恨思想。其次，教师应该多多观察和留心班级的每一位学生，每一位学生都有不同的特点，有长处也有短处，而作为教师应该做的就是发扬他们的长处，帮助他们树立自信心，并默默地鼓励和支持他们。

（2）尊重学生，采用正确的方式方法引导和教育学生。尊重是相互的，尤其是在学生还在接受知识的时候，必须给他们充分的尊重，这样才能提高他们的自信心和激发他们的学习热情。相反，如果一个教师没有足够尊重学生，可能会影响学生的学习，甚至使之对整个专业以及整个社会都抱有消极的态度，这样是十分不利于学生的发展的。所以，教师要给予学生充足的尊重，并根据不同学生的不同特点对他们的思想建设加以引导。

（3）平等对待每一个学生，信任学生，促进学生的自主发展。有些教师在教学过程中极具怀疑精神，教师们并不相信学生们能够正确地自主学习，这种怀疑在某些情况下是有一定道理的，但是作为一名教师，更重要的是信任学生，放手让学生自己去学习。当然，教师也要平等对待每一个学生，不能区别对待。

另外一点是教师应该培养学生自主学习的能力，这个能力不仅包括在高校期间学习课本上的知识的能力，也包括走入社会后，学习社会经验的能力。教师不能教学生一辈子，但是教师可以教导学生自主学习一辈子。这个道理就跟"授人以鱼不如授人以渔"是一样的。

2. 集体与"世界"主动融入

教师要做到热爱集体，当个人利益与集体利益发生冲突时，要求个人利益服从集体利益，把集体利益摆在个人利益之前。现在的专业与专业之间的联系是密切的，如果本专业的教师仍然单打独斗，不与其他专业的教师相互交流、相互学习、相互借鉴的话，是不利于学生综合素质的提高的。教师的眼光要独到，要与世界接轨，不能一味地沉溺于本国的文化、本国的教育理念、本国的教育方式中。只有自觉主动地融入世界，并保持本身独有的特色，这样的专业建设才能立足于世界之林。

同时，教师的任务不仅仅是教书育人而已，还要学会与教育相关的人或事进行沟通和协调。教师要学会在这些利益关系、人际关系中仍能如鱼得水。

3. 事业与情感不可分割

许多人把教育当作一种单纯的职业，当作赚钱的工具，这种想法是极端的。的确，教育可以为教师带来一定的报酬，但这是他们的劳动所得，我们不能单纯地把它作为赚钱的职业。教育事业，最终的目的是培养学生的综合素质，在某种程度上说，是一种情感交流事业。它交流的情感，包括教师与学生的情感，学生与学生之间的情感。所以，教师一定要明白：教育到底是为了什么？从事教育行业又是因为什么？

作为一名教师，如果单纯是为了赚钱，并不为学生考虑，不在乎学生的成绩，不在乎学生的综合素质的提高，那么就不配做一名教师。如果教师怀抱着对教育事业的热爱，一心为学生考虑，那么其便在真正意义上实现了自己的人生价值。学生是国家的未来，"少年强则国强"，教师只有用心去呵护和培养他们，才能帮助他们成为有用的人才。

（1）积极的专业情感

情感是态度这一整体中的一部分，它与态度中的内向感受、意向具有协调一致性，是态度在生理上一种较复杂而又稳定的生理评价和体验。情感包括道德感和价值感两个方面。例如，专业情感是教师在进行专业学习、专业探究过程中日渐对专业教学产生的情感。专业情感体现在道德上是对本专业的责任心，可以转化为一种推动教师去学习专业、研究专业的动力，也是教师对学生的无私的爱与敢于承担的精神。而专业情感体现在价值感上则表现出专业开拓精神，专业创新精神，它引导和鼓励着教师去探索专业尚未开发的内容，去对传统的专业方法、方式、思维模式进行创新。

（2）坚强的专业意志

众所周知，意志对一个人的影响是巨大的。对教师而言，是否拥有坚强的意志，会影响他是否能继续工作下去，是否能为实现自己的人生价值而无私地奉献下去。当然，教师的专业意志不是生来就有的，在与学生的相处过程中，在教学过程的突破中会慢慢形成一种专业的意志，这种意志会对教师未来的职业生涯产生极大的影响。

如果教师在专业的学习和教学过程中拥有了无比坚强的意志，那么这个意志会推动他在教育工作中继续进行下去。事实上面对困难，面对挑战，教师也要有勇气去承担，去面对，去突破。如果教师没有拥有这种意志，那么其在未来的教学过程中就会体现出不负责任的态度，这会造成极其恶劣的影响。所以，教师在高校教学中，一定要培养自己坚韧不拔、不言放弃的专业意志。

当今社会，创新的作用越来越突出，创新是推动民族进步和社会发展的不竭动力，是人类发挥主观能动性并利用特有的认识能力和实践能力去创造的能力。一个民族要想走在时代前列，就一刻也不能没有理论思维，一刻也不能停止理论创新。所以，高校在培养人才时，应尽可能地培养学生的自主学习能力，活跃他们的思维，培养出更多的创新人才。一个拥有创新人才、拥有创新能力的专业才能持续地发展下去。

4. 修养与心态定期关注

教师的行为是起到示范作用的，教师教什么，做什么，学生当然也会去学习，去模仿。所以，教师的行为素养对学生的影响是巨大的。当然，教师应该关注自身内在的修养。第一，要对自己足够尊重，一个连自己都不尊重的人有两种情况：第一种是这个人心理有一定的问题，第二种是这个人常常将自己的姿态摆得很低。如果你是这样的人，那么你一定学不会如何去尊重别人。教师作为学生的指导者一定要对自己足够尊重，对学生足够尊重。第二，要对自己严格，要定期自我反省，自我管理。教师承载的是这个国家的希望，自然要对学生负责到底。第三，教师要有积极向上的态度。态度心情是可以感染周围人的，如果你不开心，慢慢地你周围的人都会变得不开心，如果你很开心，那么你周围的人也都会渐渐地开心起来。所以，一名优秀的教师要做到时时刻刻保持健康积极的心态。

（四）"双师型"教师的培训基地建设

目前，虽然我国的国家级职教师资培养培训基地有六十多个，对职教教师职后培训的任务发挥着重要的作用，但是具有针对性质的"双师型"教师培训基地仍没有建立。对于"双师型"教师来说，因为职业的特殊性和重要性，所以更应该拥有自己的专业指导教师和建立自己专门的培训中心。"双师型"教师培训中心的建立有两种主要方式，一种是依附职教师资培养培训基地成立；另一种则是独立成立，如建立在高校或职业学院中，也可以落户在某些文化企业中。选址的不同，也产生了不同的要求。对于适宜建在学校中的基地中心，应该在建设方面继续加强。对于行业、专业性比较强的培训基地，可在各方面已有条件的基础上，根据高校相关需求目标进行建设，努力打造较为完善的高校培训中心。"双师型"教师培训中心的建设具有投资主体多元化的特点，从而可以更好地打开政府、学校、企业交互投资的局面，使三方面的优势力量得到最大限度的释放，更确保了资金链条的安全性、可靠性和可变性，通过多种渠道实现资源共享。"双师型"教师培训中心应从以往的传统理念中解放出来，用创新性的新理念来使政府单一的付款方式得到改革，尝试新的投资方式，如学校统筹管理和企业赞助相结合的共同投资方式。同时学校也应意识到培训基地对教师培训的必要性，加大对培训基地及相关事项建设的成本，充分利用社会对教师培训所产生的积极影响，使社会和企业的被认可程度得到提升。建立生产、教学、科学研究三位一体的模式，培养对高精尖技术的敏感度，加强教学、生产与新科学、新技术、新工艺的推广和应用的密切联系，形成以生产和科研带动教学，同时将教学渗透到生产力发展和经济建设之中的局面，这是新时代下，"双师型"教师培训中心可持续发展的重要保障和有效战略。

最适合开展产学研结合的教育是职业教育，产学研结合的方式可以提高教师的创新思维和科技能力。为了实现资源的共享和使资源发挥最大效能，高校应与相关产业部门和科研单位共同合作，共建培训基地和专项实验室。应使培训中心的先进技术与设施得到有效的利用，如可为高校师生实训和行业、企业员工培训，以及科研单位产品试验等提供便利条件和良好环境。要积极应用项目初步研究、科技成果宣传、生产技术服务、科技咨询和开发等科技工作及社会服务活动，发展"产学研"三位一体的模式，使实训、培训、咨询等各方面功能得到优化，使职业技术教育、职业技能培训、科技与社会服务融为一体，使教学、培训、服务获得直线式发展，这是我国对于发挥职业院校教学实践中心的规模效益所采取的新措施。

总的来说，市场竞争在根本性质上仍然是关于人才和技术的竞争，要想将科技成果以生产力的方式输出，就必须使工艺的技术含量和智能因素得到提高。其关键处及出发点仍在于提高劳动者各方面素质和技术水平。对于职业教育来说，应进一步加强实践训练及培训，要想使其成员更好地适应市场和适应就业趋势，就必须加强其成员的技术开发与应用能力。随着企业对其员工要求的提升，相应的对于职业技能的培训需求量也呈增长趋势，因此，迫切需要有关职业院校可提供关于技术革新、工艺改造、产品开发、科学管理等方面的咨询和服务项目。面对这一历史机遇，培训基地中心可利用自身优势发挥重要的作用。例如，可积极开展相关职业教育实训、职业技术培训和科学技术咨询等，为个人及社会的发展提供系统性、科学性的服务。同时，可以采取建设专业教室、教学工厂等方式来提高教师的研发和技术能力。

三、"互联网+"背景下会计教学的道德建设

（一）会计专业道德教育的内容及重要性

职业道德从哲学上讲，"道"既是"有"，亦是"无"，是"有""无"变化的规律，是指事物从产生、发展、变化到最终灭亡的基本规律，可以引申为人们在社会生活中需要遵守的行为标准和处事准则。"德"，即"得"，"外得于人，内得于己"，通过内心得"道"而施予人便是"德"。能够规范和平衡人与人、人与社会之间的和谐社会关系的信条的总和就是道德。道德的维系需要社会舆论的导引、民俗文化的培养和人们的信仰。道德应包括两方面内容，一方面是对善的倡导和赞颂，另一方面是对恶的反对和抵制，这两方面的总和即道德的内涵。

人类在长期的劳动过程中出现了分工现象，这就是职业的起源。现代意义上的职业，是指人们长期从事的具有特定责任和任务的并能够满足个人精神和物质生活的社会活动。

职业道德是指人们从事的各种特定的职业领域内所应遵循的行为规范的总和。它既是社会对某一行业内规范行为的外在客观需要，也是这个行业为了能够在全社会长期可持续发展和立足的必然要求。

同样职业的人往往具有近似的兴趣爱好和生活习惯，因为在长期从事某职业的过程中，人们在一起做着相同的工作，共同参加职业相关的培训，处在相同的环境下。正是因为这样的原因，同一职业的人们培养出了特定的职业风尚、荣誉感、自豪感，久而久之，就形成了行业内人员约定俗成的都应该遵守的职业道德规范。

（二）会计职业道德规范的解读

1.会计职业道德规范的特征

会计的职业道德规范是在会计职业活动中基本的，每一个从业人员都应该遵守的，具有鲜明职业特色的，能够平衡职业活动中相互之间关系的行为准则。其具有以下几个特征。

（1）会计职业道德是调整会计职业活动利益关系的手段

一切经济关系本质上都是经济利益关系。尽管我国是社会主义的市场经济，国家宏观调控和市场自发调整同时进行，但是会计职业行为中的经济关系仍然变得日益复杂。因此，各经济主体，也就是利益主体之间经常出现冲突，利益主体与国家利益、与社会公共利益之间也常有矛盾，这时就体现出职业道德准则在调整各方面利益上的重要作用，职业道德规范能够辅助相关法律法规调整行业内的各种关系，允许和支持合理合法地获得自己的利益，坚决反对和抵制破坏国家和社会公共利益的行为，以使经济社会秩序正常运行。

（2）会计职业道德具有相对稳定性

会计学是经济学范畴中的一门学科，实用性极强。会计学的出现是伴随市场经济发展应运而生的。会计人员一方面能够提高经济体的经营管理能力，进而使经济效益得到很大的提升；另一方面能够规范市场经济中各经济体的行为，使市场秩序平衡稳定，让社会公众的利益得到有效维护。规律是客观存在的，不以人的意志为转移。因此，市场经济的价值规律也是具有客观性的，人们只能去认识、掌握和应用，改造甚至违背市场经济的价值规律是不可能的、无法做到的。会计人员的主要任务就是为其所属单位的经济活动进行确认、财务审核、精算、记录并且上报，但是这一切行为和活动所需要的标准、政策、原则和具体施行办法，都是在市场经济活动的内在客观经济规律的基础之上制定的。客观经济规律是无可改变的，它伴随历史发展而进化与演变，社会上的经济关系持续演进，但也维持着一定的相对稳定性。

（3）会计职业道德具有广泛的社会性

在普通人眼中，会计人员单纯是为政府、企事业单位管理层、经济金融机构提供服务的群体。事实上并不是这样的，经济社会是在不断进步的，企业的产权制度也在随之进行着改革和深化，会计人员的责任因此而涉及投资者、债权人和社会大众等。涉及对象的增加使人们和企业对会计从业人员的职业道德有更深刻的要求，会计职业道德具有了社会普遍性。

2. 会计职业道德规范的内容

会计职业道德规范，是一种道德要求，是依据会计职业活动的特点，以会计从业人员的职业行为为中心而提出的。会计从业人员在进行职业活动时，必须要具有和遵守会计职业道德规范，正如前文所论述的，这个道德规范可以调整和平衡会计从业人员之间、会计人员与国家以及社会公众之间的经济关系。我们的社会是法制社会，要在法律法规的规范下有序运行，但是相关法律法规都无法彻底取代职业道德规范在经济社会中的作用。

会计职业道德规范的内容应涵盖：爱岗敬业、廉洁自律、客观公正、保守秘密、诚实守信、坚持准则、提高技能、文明服务。

（1）爱岗敬业

爱岗敬业，是一个会计人员的职业精神，忠于职守，兢兢业业，干一行爱一行，把所从事的会计职业当作自己的终身理想去热爱。这就要求会计从业人员充分理解和认识会计这个职业在经济社会中的重要作用，要求会计从业人员发挥主观能动性，认真负责地履行职责，做到执行高效、认真负责、用心服务。

（2）廉洁自律

会计人员在一定程度上掌握着一个单位的经济命脉，因此就要求会计从业人员必须做到廉洁自律，这是一个会计人的职业操守。社会主义市场经济体制下的会计职业道德有两个基本原则：一是依法守法原则，这个原则表明在我国的会计职业道德具有集体主义特征；二是清正廉洁原则，这个原则体现了会计职业活动作为经济管理行为的基本特点和根本要求。

（3）客观公正

客观公正，是一个会计人员的行为道德，没有公正精神的会计人员不配也不应当成为会计人员。这就要求会计从业人员在职业行为和活动中的操作都以事实存在的交易和事项为根本，实事求是地反映出单位的财务情况、账目进出、经营结果等，这其中不应该裹挟个人情感和利益，也不应该被上级的意志左右。在多方的利益中，会计人员应该公平公正地处理相关事务，不偏不倚地对待各方，这是对一个会计人员的职业要求，也是会计人员应该不断警醒和追求的。

（4）保守秘密

会计从业人员的职业活动涉及诸多企业的商业秘密，这些商业机密对于企业来说是至关重要的，因此保守机密是会计职业道德规范的一个重要部分。保守机密要求会计人员做到两点：一是会计从业人员要保护本单位的商业机密不从自己的环节中外泄，更不允许会计人员通过贩卖的方式泄露本单位机密以获取经济利益；二是会计从业人员不能通过非法手段攫取其他经济体的商业机密，并从中谋取利益。

（5）诚实守信

诚实守信，是会计从业人员的基本道德素质。诚是真诚，实是实在，诚实就是要求会计从业人员在做事时要实事求是、脚踏实地，不乘伪行诈，不做欺瞒之事。守是遵守遵行，信是信用诺言，所以守信就是要遵守诺言，办事时讲信用，重承诺，说到做到，做不到的不承诺，不可失信于人。

（6）坚持准则

整个社会、各行各业都受到法律的规范和引导。坚持准则就是要求会计从业人员的职业行为要坚持以会计相关法律法规为原则，不受他人主观意志左右。会计就是一个单位的大管家，在管理单位财务时要坚持依法理财，无论如何都要严格遵守国家法律法规和规章制度。

（7）提高技能

会计工作是一个专业性非常强的职业，所有从业人员在入行之前都需要接受高等专科的教育和实习，所以才要进行会计人员的专业胜任能力的测评，内容包括理论水平、政策制度水平、业务能力、实操能力和综合表达能力等。即便是入行多年的富有经验的"老会计"，也需要不断学习，终身学习，跟随时代变化，提高自身业务水平和综合素质。

（8）文明服务

随着社会第三产业逐渐成为支柱产业，优质服务成为许多职业所无法忽视的内在要求。会计通俗地来说是一个企业的管家，也就是为一个企业更好更快发展而服务会计涉及的服务对象越来越广，这就要求会计行业不断加强从业人员的服务职能。正确理解会计在经济社会中的角色和地位，有助于会计职能合理恰当地运行。

（三）会计职业道德的实际作用

1. 会计职业道德是对会计法律制度的重要补充

会计相关法律法规代表着会计职业道德的"下限"，就是说无论如何都不能越过法律的界限，是这个行业的最低标准，而道德标准是会计行业的"上限"，代表着会计人对自己的要求，是对法律法规的补充，其重要作用是法律法规无法取代的。举个例子，张三是一个企业的会计，法律法规的存在使张三不能做假账，不能协助企业偷税漏税，不能贩卖企业信息来获取不法利益。但是如果张三工作不积极、业务水平不高，那么是不归法律管的，但是这样的张三也无法更好地完成任务，为企业发展助力，甚至可能导致企业的亏损和倒闭。显而易见，会计的职业道德规范和准则十分重要，是会计法律法规的重要补充。

2. 会计职业道德是规范会计行为的基础

一个人在做事之前首先是产生了想要做一件事这个想法，也就是所谓的动机，动机产生于行动之前，基于某种动机，做出某种行为。善念产生正确的行为，恶念导致错误的行为。行为的是与非取决于动机的善与恶。会计职业道德规范了会计从业人员的信念，每一个合格的会计人员都在大脑中牢固树立了诚信、公正、客观、廉洁、自律等观念，因此每个合格会计人员的行为都是符合会计职业的要求的。

3. 会计职业道德是实现会计目标的重要保证

会计从业人员的职责和目的就是为经济关系中的各方提供正确、准确、规范、有效的财务信息。如果一个会计人员没有树立正确的职业道德观念，那么他就不能为其服务的对象或经济体提供合适恰当、可靠真实的服务，也就是没有履行其作为一个会计人员应尽的责任和义务，可能会导致严重的后果，不仅是一个企业或单位的经济损失，更可能引起社会经济秩序的混乱。这就表明，会计职业道德规范会计从业人员的行为，使会计人员的工作能够顺利进行。

4. 会计职业道德是会计人员提高素质的内在要求

纵观人类历史，发展才是一切的根本。社会在不断发展与进步，也就要求社会的各个方面都要跟上脚步，会计这个行业也不例外。学习和钻研是发展和进步的必然要求，会计的进步也要坚持学习，不断提高自身综合素质和业务能力。这是会计行业进步的原动力，也是会计行业可持续发展的可靠保证。培养会计的职业道德素养，提高会计的综合业务能力，引导会计人员加强自我提高和自我修养，是对全社会会计行业从业人员能力的内在要求。

（四）加强会计职业道德建设的措施

1. 国家层面

国家应当建立诚信档案，记录从业人员的业务，定期进行考核，完善监督机制，找出营私舞弊、危害公共利益的个人，记录在案并给予处罚，在录用或评优时作为参考资料。对于情节严重的从业人员也要依据其违法记录按照法律条款逐一处理，绝不姑息。另外，国家还应出台更加全面具体的制度引导鼓励相关部门开创各类评奖评优或竞赛等活动，激励会计工作人员坚守职业道德，选出职业道德模范给予一定的物质奖励，提高会计人员的工作积极性，为营造出一种遵守职业道德的好氛围提供政治保障。

2. 社会层面

要想营造一个坚守职业道德的氛围，需要全社会共同努力。学校以及相关培训机构在教学过程中要更加注重德育，宣扬中华民族传统美德，培养新时代的"儒商"，在成绩考核时应增加道德品质考核的比重。同时还要培养学生的创新精神，使学生在未来的工作中能够有勇气及能力应对挑战。企业上下也要努力去营造一种公平公正、遵纪守法的氛围，定期对员工进行考核。如果人人都不跨越道德底线，互相监督，就会营造一种公平客观、互相奉献的社会氛围，为会计职业道德建设甚至中华民族的伟大复兴做出贡献。

3. 个人层面

会计从业人员要时刻将职业纪律铭记于心，不仅要学会反省自己的行为，还要善于听取别人的劝谏，更不能参与违法犯罪活动，并且要勇于斗争。在面对经济发展带来的挑战时，从业人员不能产生畏难情绪和逃避心理，反而要把提高技能作为自己的一种责任，爱岗敬业，精益求精。另外，会计人员对于继续教育的参与积极性该提得更高一些。再教育是一个自我提升的好机会，在这个过程中，从业人员就应更注重自己道德层面的提升，以便时刻监督自己。

加强会计职业道德建设是一条艰辛的路，也是中华民族复兴之路必不可少的一部分。会计工作与一个单位的机密息息相关，也与群众的利益相关，只有从业人员践行了职业道德规范，才能保证会计信息的真实性，才能为信息需求者提供更有用的信息，才能把会计工作的效用发挥至最大。

四、会计专业诚信教育体系的构建

在经济全球化、信息网络技术快速发展、诚信危机以及我国会计教育大众化与会计教育国际化的背景下，培养具有国际视野、广博知识和诚信品格的高素质创新型会计人才已成为我国会计界的共识。因此我们要积极探索新形势下我国会计专业教育的理念、人才培养模式、课程体系以及教学方式方法，构建会计专业诚信教育体系，以促进我国会计教育的改革与发展。

（一）诚信的内涵

诚信是道德内涵中十分重要且格外基础的一部分，人类物质社会和精神社会的发展和进步都离不开诚信的作用，其具有无可比拟的崇高地位。

诚信由诚和信两个字组成，既可以把诚信二字看作一个整体，也可以分开来看，拆分为独立的诚和信，但是诚与信的关系是辩证的。在古代的中国，思想家更习惯将诚信二字当作具有相近含义但又相互独立的两个概念来理解。诚字何解，孟子云："诚者，天之道也。思诚者，人之道也。至诚而不动者，未之有也，不诚，未有能动者也。"朱熹云："诚者，真实无妄之谓，天理之本然也。"朱熹所说的意思就是真实可靠，毫不荒谬。明末清初时期的思想家王夫之认为：诚以实心，行实理之谓。诚信是一个人、一个合格的人最基本的思想道德品质。如果没有诚信，其他优秀的思想道德品质就更加起而无源了。北宋教育学家程颐曾云"学者不可以不诚，不诚无以为善，不诚无以为君子"。通过这些历代名家的训导可以看出，古代的君子是十分重视自己思想道德品质的培养的，将"诚"作为自己的毕生理想和终生目标来追求，久而久之就成了无须借助外力由内而生的自觉性。信字又当以何解，孔子曾教育弟子"信则人任焉""人而无信，不知其可也"。孔子告诉后人：说到就要做到，信守诺言，这样才能得到他人的信任。在孟子的思想理论中，"信"的重要性是等同于善的，善良的人就是诚信的人。荀子也格外重视"信"："凡为天下之要，义为本，而信次之，古者禹、汤本义务信而天下治，桀、纣弃义倍（背）信而天下乱。"对于一国之主这样的重要角色，"信"就更加重要了，上下五千年的历史表明，国君势必要取得全天下的信任，如果不能得到天下人的信任，那么这个国君就会失去天下。所以，"信"不是单方面的概念，需要双方相互作用达到平衡。历朝历代对"信"这一品质极为重视，汉代董仲舒第一次将"信"的概念列入"三纲五常"。"信"，就是说话算话、言出必行，就是做出的承诺必定会实现。"信"是一个动作、一个行为，是诚的表现形式。所谓"有所许诺，纤毫必偿，有所期约，时刻不易，所谓信也"。

综上所述，我们列举了诸子百家对诚信的阐述，以及后来诚信在国家发展中的重要作用，可以看到，诚与信是不能割裂看待但事实上又有明确区别的两个概念，诚与信的最终追求都是一种实在，是实事求是，是言出必行，是对真实的永恒追求。那么"诚"与"信"的不同之处在哪里呢？"诚"的概念侧重于强调一种品质、一种精神，是形而上的，是一个人对自己道德标准的严格要求和自身修养的不断提高。"信"的概念更强调如何去做，就是一个人有了"诚"的品质，那么就会形成"信"的行为，"信"是"诚"的外部表现形式，即做出信守承诺的事情。这样就将内在品格的"诚"和外在表现形式的"信"统一在一个人的身上。所以，"诚"和"信"既有显而易见的区别，又要整体看待。诚信成了一个至关重要的品质，被我们的前辈先人格外看重。人的优良品质有很多种，仁慈、智慧、勤劳、勇敢，不一而足，但是诚信在所有的优秀道德品质中占据最重要的地位。所以，君子就是以诚信为自己的标签，是诚信做人的人，与之相反的小人就是不信守承诺专行欺诈之事的人。是故"君子虽殒，善名不灭。小人虽贵，恶名不除"。诚信作为一个重要的道德品质的发展历程在西方资本主义世界是截然不同的，西方的许多道德思想都是在实践的基础上产生的，社会实践的主体是人类，因而这些思想和品质容易被人们接受和理解。西方社会发展历史相对较短，因此这些道德品质就更贴近社会的需求。

早期能够规范西方人类道德素质的规范是从宗教教义中衍生出来的。宗教成了规范人行为的重要环节。例如，有这样的教义"行事诚实的，为上帝所喜悦"。伴随着市场经济的产生和发展变化，信用的重要性越发凸显。在社会契约论者的思想中，诚信即履行承诺、遵守约定。人们一旦签订契约，就需要去实现它遵守它，这是天然形成的道德的约束力。立下约定就必须践行，伤害了别人就必须赔偿，犯下了过错就一定要受到惩罚。这是人类最基础最根本的道德标准。后来，随着人们法治意识的加强，诚信就不再只是一个道德规范，而是上升到法律的高度，并且不断完善。英国哲学家霍布斯认为，守约即正义，守约的人才是正义之士，所以签订契约才是正义，不签订契约就不是正义，违约行为更是最大的不正义。英国哲学家洛克继承和发展了前人的理论和思想，他认为，统治一个国家要按契约来进行，如果按契约执行，人们就应该服从命令听指挥，如果统治者不按契约执行，那么人们就有权利以任何形式推翻当前的政权。日后，英裔美国思想家潘恩又对这种社会契约论的思想进行了发展，他认为：治理国家的权力是人们通过签订契约的方式转交给政府的，政府应为人民谋利益，不是谋取私利，如果出现政府的管理不以契约内容为依据正常进行，那么人们就有权收回权力。

我们都知道经济基础决定上层建筑，所以在市场经济体制下，社会经济的变革巨大，人们的思想随之发生了重大变化。诚信是一个由来已久的古老的道德品质，在新的社会环境下，需要新的理解方式和执行方法，才能更好地辅助社会秩序正常进行。对于中西方传统的诚信观念我们要辩证地看待，因为经过历史长河的浸渍，其中有符合现在条件的，也有不符合的，我们的态度应该是，吸取其中好的，摒弃其中不适应社会发展的。通过上面的论述我们可以得出这样的结论：契约是诚信的基本特征。市场经济体制下，贸易的正常进行需要契约和合同的签订，并且需要法律法规的保障。如今，诚信已经不只是人们潜意识里的道德品质，已经转化为显性的意识形态，逐渐具体和明细化，日益成为平衡社会关系的重要原则。所以说，在当今社会不讲诚信是绝无立足之地的，对一个人来说是这样的，对一个团体甚至一个国家来说都是一样的。诚实守信不仅是一个人基本的道德品质，更是中华民族的传统美德，我们在做事情的时候一定要时刻谨记这个诚信的原则，首先对自己就要诚实要真诚，然后在社会交往中才能用自己真诚的行动打动他人，形成良性循环，让诚信在全社会涌流，也让诚信的品质内化。另外，一旦签订契约和合同，就更应该讲诚信，不然契约和合同存在的意义在哪里？诚信本就是道德的重要组成部分，又成为法律的重要特征，如今诚信的内涵已经不仅是传统意义上的概念，它是社会秩序正常运行的保证，是社会健康发展的基础，是思想道德品质的中流砥柱。

将中西方关于诚信的传统观念取精去糟，然后再结合新的社会实践，产生了对"诚信"新的理解，这种新的理解就是要将"诚"和"信"有机结合起来。"诚"是一种品质，是精神上的，是不骗己不骗人，是思想和行为的同一。"信"，普通的含义就是信守诺言，它应该包含四个更深层次的含义，分别是相信、信赖、信托、信用。我们一一来解释。"相信"是一个人的行为、性格、品质受到另一个人的信任，这就包括两方面：一方面，是这个人做出的能表现自己品质的事情；另一方面，就是另一个人对这个人所做出的行为的认可，是相互的，因此被称为"相信"。"信赖"，是一个人对另一个人的心理上的倾向，我们可以将这个词看作相信和依赖的结合。"信托"就更进一步了，不光是心理上的倾向，更重要的是做出了行动，将自己的一部分利益托付给另一个人，让其进行支配。可以说是有了一个质的飞跃，从思想到实际行为的飞跃。"信用"，我们可以将之理解为一个值，一方如果有信用度或者说有信用值，那么他就可以获得另一方的相信、信赖和信托，是另一方用来判断这一方是否值得信任的指标，信用度够高，那么这个人就值得别人的信任，这种信任听起来似乎虚无缥缈，事实上信用度高的人或集体，未来将无可限量。

（二）诚信在会计职业道德中的地位与作用

1.诚信在会计职业道德中的地位

科学家潘序伦赋予立信会计学院（现已与上海金融学院合并为上海定信会计金融学院）的校训是"信以立志，信以守身，信以处事，信以待人，毋忘立信，当必有成"。可以看出，诚信在整个会计职业道德中占有核心地位。具体来说，会计人员在其岗位上应充分发挥诚实守信的职业道德，对财务数据按实际核算、整理、分析。诚信不但是会计职业活动和职业道德的精髓，同样也是会计职业道德规范的中心内容，突出的表现是以诚实守信为辐射中心并扩散渗透到其他内容里。如果会计职业中存在造假、伪造单据等不诚信行为，就会影响会计人员去遵守其他的主要内容，这将导致整体行业水平的滑落，并且不能真正显示出其他人的专业能力。综上所述，将会计行业中的诚信问题化解掉，才真正有利于整个行业的职业道德水准上升。

2.诚信在会计职业道德中的作用

在会计行业的职业道德中，诚实的地位和作用都是其核心内容，这一点通过会计专业的职业道德内容完全体现了出来。比如，在会计职业道德内容中首先就是要求从业者做到爱岗敬业。那么爱岗敬业又包含哪些具体的要求呢？其一，要培养个人爱岗敬业的品格，清晰认知会计职业；其二，对这份职业充满热爱之情，尊重本职行业；其三，在工作过程中兢兢业业，踏实工作；其四，对待工作要有负责认真的态度；其五，要做到具有尽责负责的职业精神。

作为会计执业者，首先要保证做到以上提到的爱岗敬业的内容，而能达到在执业过程中爱岗敬业则必然执业者已经具有了诚信的优秀品格。或许有的人在做会计工作起初对会计行业并没有太高的热情，但是如果他是一个诚信的人，受自身优秀品格的引导，也会兢兢业业工作，认真负责任，任劳任怨，始终保持负责尽责的工作态度；或许有的人起初很热爱会计行业，但是不具备诚信的自我修养，那时间久了他很难取得别人的信任，无法在企业立足，对待工作也不会做到爱岗敬业中的五项基本要求。不难看出，诚信是会计职业道德中的核心内容，所有脱离了诚信原则的职业道德内容都是空洞的，是无法实现的，诚信的力量始终贯穿这个职业道德的方方面面，是实现道德内容的前提以及基础。

（三）会计诚信教育

1. 会计诚信教育的起因

2005年3月，财政部令第26号发布的《会计从业资格管理办法》中规定，申请人无论是否具备符合本办法规定的会计类专业学历或学位，都必须通过财经法规与会计职业道德课程的考试，才能向会计从业资格管理机构申请会计从业资格证书。这进一步凸现了会计职业道德教育的重要性。

会计诚信是会计职业道德的重要组成部分。可以认为，由会计诚信所引发的种种问题，使得会计诚信教育已经成为21世纪会计教育工作的主旋律。会计诚信教育的起因是会计造假。20世纪90年代中期以来在国内外所出现的"郑百文"造假上市事件、银广夏造假案件以及美国安然公司造假案件、美国世界通信公司造假案件、美国施乐公司造假案件、美国默克公司造假案件等的披露，在国内外会计学界掀起了轩然大波；国务院原总理朱镕基同志对所有会计人员提出的"诚信为本，操守为重，坚持准则，不做假账"的要求，进一步引起了国人对会计诚信问题的极大关注。加强会计诚信教育，有效遏制会计造假行为，已成为国家和社会各界对会计工作的一项迫切要求。近年来，随着国家进一步加大对企业会计信息质量的监督力度，重点强化对会计师事务所执业质量的监督检查，充分利用注册会计师审计的辐射作用，实现对企业会计信息质量的间接监督，逐步完善了全方位、高层次的会计监督机制，促进了全社会会计信息质量和会计诚信水平的全面提高。但会计诚信、会计信息失真方面存在的问题仍比较严重，少数上市公司为了粉饰经营业绩，伪造会计凭证进行造假；利用关联方业务，利用会计估计和会计政策变更操纵利润；通过提前或者推迟确认收入、虚列或少列成本费用等调节利润。这意味着，会计诚信建设和会计诚信教育仍任重而道远。

2. 会计造假事件的原因

针对国内外经济界严重的会计诚信缺失问题，会计行业诚信建设与会计诚信教育得到人们的高度关注。要有效遏制会计造假行为，关键的一点，在于科学分析导致会计造假行为发生的根源。在市场经济条件下，会计造假事件的出现也许主要有以下几方面的原因。

（1）现代会计制度构架上的局限性，使得会计造假有了可乘之机。假账之所以做得出来，无疑是社会体系出了问题。历史成本、权责发生制和复式记账法是会计体系的三大支柱。会计造假事件的出现，意味着权责发生制在现代经济下受到了挑战。但也有人不同意这种观点，财政部会计司原司长刘玉廷认为，"目前所暴露出来的会计造假事件，多数是公司不执行会计标准，而不是会计标准本身的问题"。会计学专家阎达五也认为，会计制度本身有缺陷是事实，但是假账不是因此而起的。上市公司造假有深刻的宏观经济制度和政策方面的原因。宏观经济层面上的问题集中在上市公司的股权结构及由此而形成的公司治理问题上。上市公司操纵会计信息的手段可分为两类：一是非法手段——会计造假；二是合法手段——利用现行会计法规的缺陷和会计政策的选择进行会计信息操纵。目前，由于会计造假的成本在不断加大，所以越来越多的公司开始利用现行会计法规的缺陷和会计政策的选择来进行会计信息操纵。

（2）会计造假是个人或者集团利益权衡中的结果。市场经济条件下，会计人员是"造假"还是"坚持诚信、抵制造假"，在很大程度上取决于利益与代价之间的权衡。利益的驱动、急功近利和极端的侥幸心理，是造假行为的精神和心理支撑。当会计人员"坚持诚信、抵制造假"所可能得到的利益超过所承担的风险时，会计人员必然会做出"坚持诚信、抵制造假"的选择。所以，法制建设需要解决的一个重要的问题，就是如何减少"造假"所可能获得的利益，加大"造假"的成本，使得"造假"得不偿失，才有利于从根本上有效控制会计造假行为的发生。

（3）产权制度不完善，政府行为不规范和对市场干预过多，法律不健全、执法不严，信用体系没有建立，公民信用意识不强等也是造成信用恶劣的重要原因。

产权制度不完善，首先表现在国有产权主体缺位，使国有企业的经营者不能很好地代表国有资本的长远利益；其次是对民营资本产权缺少明确的产权界定和产权保护措施；最后是现有的产权制度不能有效保护国有产权，损害国有产权的行为得不到有效约束，导致企业与个人信用的弱化。

政府行为不规范和对市场干预过多。一方面使政策环境不确定性增加，人们就容易追求短期行为，失信选择也越多；另一方面也会产生很多寻租机会，寻租使市场上企业不能公平竞争，企业将会集中精力搞政府公关，而不会注重自己的产品质量与服务质量。"劣币驱逐良币"的结果，使得好企业竞争不过坏企业，导致市场环境恶劣，市场信用被破坏。

政府行为不规范的另一表现便是地方保护主义。法律不健全，执法不严。一方面法律规定不清楚，这就为当事人守法增加了难度，也为不法之徒钻法律漏洞创造了条件；另一方面我国的执法体制也有很大问题。执法不力，不能对失信行为起到威慑作用。失信者应得的惩罚没有体现，更助长了失信行为的扩展。

毫无疑问，"假账"是对社会经济运行过程中诚信原则的背叛，但很明显，仅靠提倡"诚信"并不能真正解决问题。著名会计史学家郭道扬认为，应当"以法制为纲，以诚信为本"。市场经济首先是法制经济，其次才是诚信经济。所以杜绝会计造假，首先，需要从完善国家的法制建设入手。其次，把讲道德、讲诚信、讲廉政这三方面结合起来。最后，加强会计诚信教育，从整体上提高会计人员的素质和专业技术水平，使得他们从传统会计升华为现代会计。

（四）完善会计诚信教育的建议

有了教育体系后，还需要我们在细节上不断总结、剖析、补充、完善，这样能更有益于教学质量和效果的提高。

1. 设置诚信教育课程

由于传统会计学专业课程规划达不到目前大学生诚信教育体系的要求，所以课程安排需要做出适当调整，在大学生专业课程中增加学习现行法律法规相关课程，教育学生认识到这些法律法规的重要性。因为会计专业的学生通常在学习法律类的课程时很不用心，只是为了考试而学习，不理解也不知道学习这些课程的必要性。其实，懂得法律法规才能坚守职业底线，明白什么可以做，什么不能做，明白后果才能懂得克制自己，不损人利己。如此一来，我们在对大学生进行普法教育的同时也进行了诚信教育，不但提高了学生的法律认知和守法意识，也使其更加懂得诚信品格的重要性。

　　将会计职业道德教育课程作为必修课程纳入各级学校会计学专业的教学计划，会计诚信教育才能真正进入会计学专业学生的课堂。通过会计职业道德教育课程的学习，在校会计学专业的学生才能真正树立"诚信为本，操守为重，坚持准则，不做假账"的行业理念，并真正领会诚信理念是会计执业机构和会计人员安身立命之本。要通过案例分析，从正面教育学生树立牢固的做人要诚实、处事要讲信用的观念，逐步学会用发展的眼光看待社会上出现的诚信危机现象，为将来进入社会奠定初步的诚信基础。

　　2. 必要的师资培训

　　再好的教育体系也需要教师去付诸实施，这就说明教师团队对教学效果的影响极其关键，优秀的教师能够以身作则、敬岗爱业、积极努力优化课程、指导学生们精进学习，让其一生受益。优秀的教师团队需要高校的培养以及教师自我不断地学习提高。为了将会计专业的诚信教育体系实施完成，高校应多途径多形式地帮助教师提高职业水平，加强师资建设。

　　高素质的教师才能培养出高素质的人才；要培养具有较高会计职业道德素质的会计专业学生，会计教师的师德建设和会计职业道德理论水平更为重要。从事会计职业道德的教育的教师，应当在不断学习提高的基础上对会计职业道德教育的必要性和可行性有更深刻的理解。应当肯定的是，大多数会计专业教师在从事会计职业道德教育中是尽职尽责的，也取得了一定的教育成果。但不可否认的是，会计职业道德教育还存在不少与会计专业教师自身有关的亟待解决的问题。有些教师由于自身专业功底不够深厚，对会计诚信教育缺乏深刻的理解，教学工作只能拘泥于教材本身的内容，由情况变化、新制度的出台所导致教材内容的局限性，无法通过教师的教学内容创新予以补充；有些教师受社会不良风气的影响，缺乏在党和政府的正确领导和指挥下端正党风、扭转社会不正之风的决心和信心，怀着"看破红尘"消极心理，在课程上不恰当地扩大会计造假所带来的问题以及现行体制中的某些局限性对会计诚信教育的负面影响，给会计诚信教育、培养学生的良好专业心态蒙上阴影。这进一步反映了提高教师综合素质的必要性和迫切性。

　　3. 加大社会教育力度

　　应当采取措施，进一步加大对社会强势群体会计诚信教育的力度。会计诚信教育固然与所有的会计人员有密切的关系，但其主要对象，应当是掌握会计诚信水平支配权的强势集团，包括企业的董事长和总经理、事业单位的党政负责人，以及能够控制企事业单位负责人的政府官员、会计师事务所的合伙人，而不是一般的会计人员。

首先，会计人员不是会计造假的责任主体。正如同社会上出现大量的假货并不意味着是"工人阶级造假"，尽管事实上假货是由工人制造出来的；会计造假也不意味着是"会计人员造假"，尽管虚假的会计信息来自会计人员的工作。会计造假是由向社会提供虚假财务会计信息所导致的。提供财务会计信息的责任主体应当是经营者——企业或者是企业的法定代表人，而不是一般会计人员。长期以来，相关人员一直企图通过加强对会计人员的职业道德教育保证会计信息的质量，这样做虽无可非议，但事实上收效甚微。用提高一般会计人员的道德水准来减少会计造假是隔靴搔痒，其作用将十分有限，因为关键的是那些掌权的人。

其次，会计人员没有造假的动力和积极性。不可否认，在现实中确实有极个别会计人员由于各种原因在主动造假，但这不能代表整个会计群体。没有外界的干预或者迫于某种压力，会计人员不会无故造假，"自乱阵脚"；相反，如何客观、真实地反映财务会计信息，本属于会计人员尽职尽责所期望追求的目标。

最后，在市场经济条件下，会计人员经常承受着来自各方（包括有关政府部门、社会和企业内部）要求造假的巨大压力。如果不重视对这些来源进行有效制约，仅要求会计人员具有抵制压力的能力，是对会计人员的不公。

既然《中华人民共和国会计法》已经明确了单位负责人是本单位会计行为的责任主体，则意味着单位负责人应当对本单位的会计造假承担主要责任；会计诚信教育也应当面向单位负责人开展。在现行体制下，仅仅提高会计人员的职业道德水平，对遏制会计造假行为只不过是发挥扬汤止沸的作用；提高单位负责人的职业道德水平和综合素质，才真正是釜底抽薪。

第三章　高校会计教学改革措施

高校会计教学若要跟上时代发展，那么改革已经迫在眉睫。本章将围绕会计教学改革概述、会计教学模式改革、会计教学方法改革以及会计教学资源改革四个方面展开论述。

第一节　会计教学改革概述

一、高校教育改革面临的挑战

（一）打破教学市场壁垒

国家的高校教育面临格局重构和生态重塑的严峻挑战，促使高等教学资料的跨国界流通与高等教学市场的跨国际拓宽具备了可能性的，是传统高等教学的市场壁垒被互联网时代所打破。以慕课（MOOC）为首的线上开通科目不单表现了一种新型教育模式，更把新的教学形态催育出来，因此把塑造教育生态与重建高等教学市场布局引爆了。引入国外优秀教育资料，不仅会给国内高校带来生活压力，也将威胁国家的文化安全。尽管科技不分国家，但在传播过程中避免不了渗入西方资本主义价值观和意识状态。现在，文化软实力已变为竞争的重要部分。渗入的外来文化不仅对国家文化安全造成威胁，也让国家的文化软实力受到影响。所以，改革高等教育一定要从全球策略高度出发。祖国的将来以及社会的精英恰恰是高校学生，如果我们的教育阵地渗入外国的教学资料而不能被自己的优秀教学资料所占据，那么大部分青年学生将被影响，后果非常严重。

（二）训练知识性人才

以稳固课堂为主依然是目前高校的教学方式，而兴盛的慕课、转换课堂等将固定教育转变为以互联网为介质的新颖教学方式，学生变为课堂主角，自觉学习，教室不再是唯一的学习地方。在线学习伴着迅猛进展的移动学习终端而成为生活不可或缺的东西。假如不是社会用人轨制与学历轨制的政治的限制，那么高校的传统教育模式一定会被互联网所打击。训练知识性人才是高校的教学观念，然而高校学生的目的大多为毕业顺利找到工作，对学校安置被动接纳。所以，要想在激烈的竞争中不被出局，一定要塑造高校的教学观念。

（三）融入新型教育方式

在互联网教学方式下，高校教师应适应从信息的展览者向解答者、辅助者的转变。在翻转课堂教学模式下，学生变成了课堂的主角，教师先录制好视频，学生依据课下观看的由教师提前录好的视频，自觉学习，课上教师对学生的问题提供专门的解答。互联网教学方式下的高等教学对教师有了更高的要求：掌控坚实的信息科技教学技能，提升信息科技教育能力，尽快适应新型教育方式。这对教师传承的传统教育观念造成了冲击，特别对于中西部地区的一些教师，尽管教育公正被国家所倡导，并且提供了信息化设施激励中西部地区的教育发展，但许多教师仍然使用守旧的教育方式，没有实质性的进展与变化。所以，这些教师应转变理念，尽快与以互联网为舞台的新型教学方式相融合。

（四）具备自主学习能力

学习资料在互联网笼罩的现代具备充足性和开放性的特点，但参差不齐，因此学生要想真实掌控知识，要学会选择有用资料并解释吸收讯息。学生在互联网教学方式下，可以随意选择学习内容，也可以根据个人情况安排学习时间。但互联网上的学习内容表现出反复性、杂乱性，所以学生要学会运用零星时间分离无用信息，构造知识网，将散布的知识点体系化，把握中心知识。开放的网络一定会利用和学习无关的内容扰乱学生的注意力，进而降低学习功效，起到相反作用。所以，在互联网方式下的学习对学生的学习技能、自主性等有了更高的要求。

二、会计教学改革的背景

（一）新兴信息技术的发展

有学者认为，"信息技术影响教育变革的路径分为两条：一是信息技术直接应用于教育，产生教育变革；二是信息社会的变化影响教育，最终产生教育变革"。互联网时代，教育领域以云计算、物联网、移动互联网、大数据等为代表的新兴信息技术正飞速发展且应用不断广泛深入，这极大地促进了互联网时代教学方式的变革。原始社会知识的传递与学习主要是通过人与人之间的口耳相传；

古代社会由于造纸术的发明，极大地促进了人类文明的发展和人类知识的传播，人们的学习主要通过读写进行；近代社会由于广播、电视、电话的出现，远程同步交流与学习成为可能，学习不只要通过读写来完成，视听也成了学生学习的重要通道；现代社会由于互联网技术以及各种高精尖教学辅助设备的出现，知识不再是静态地停留在书本上，而是在各种媒体中快速流动，"知识"不再是个名词而成了动词——"知识流"，人们的学习方式不再局限于读、写、视、听、算，探究成了大众倡导的学习方式，技术使学习智能化、智慧化、虚拟化。比如，学习生态是由不同学习主体共同构建的，在学习生态中学习主体基于兴趣、爱好、知识背景、专业等的不同形成了不同的学习社区，这些学习社区在网络上是以虚拟社区的形式存在的。技术改变了学习的参与方式、对学习资源的占有关系，也改变了教育主体之间的关系。在互联网时代，教育关系重构是教育变革需要研究的重要问题，同时对教师的专业发展提出了新要求。

（二）教育需求和社会问题

任何社会变革都是在一定的社会需求和社会问题的利益驱动下开始的，教学方式变革也不例外。如何理解互联网时代教学方式变革的发生存在两种分析思路。第一，任何特定的历史时期都会对当时的教育提出发展目标，教育需求是在一定的社会环境下发生的，二者相交即形成教育发展期望；互联网对当前社会各领域产生了极为深刻的影响，给传统教育带来了巨大挑战。传统教育如果此时不进行变革和创新，那么它一定会阻碍社会的发展。一旦人们意识到社会新的需求后，就会千方百计地寻找变革的路径。第二，对当前教育状态的不满而寻求教育变革与创新。当前，我国教育发展面临诸多瓶颈，亟待新方法来破解教育难题，其中一个重要的思路就是利用互联网带来的机遇，让教育站在互联网的风口上来促进教育变革与创新。教育需求是教育教学方式进行变革的逻辑起点和落脚点，互联网时代，我国教学方式变革的发生是以解决我国长期面临的教育难题为根本出发点的。

（三）会计专业的实践教学

当前，学院会计教学设置的理论课程比较全面，综合性也比较强，但是大部分会计教师往往只重视理论知识的教学讲解，而忽略了实践教学的重要性和应用性，这种教学方法与"互联网+"时代会计教学改革目标不太吻合。在目前的会计课堂上，学生只是学会了如何编制会计分录和财务报表，但并不一定会实际操作运用。例如，如何充分利用这些知识解决工作中的会计问题却显得捉襟见肘，这样培养出来的学生缺乏一定的分析能力和解决问题的自主性，更难培养会计学生的职业判断能力，这必然违背了目前高校会计人才培养目标。会计课程理论是比较抽象的，实践课程的学习针对大部分学生而言学习难度较大，在脱离实践教学的情况下学生较难掌握和理解，因此，"互联网+"时代，教师应该高度重视会计实践教学，在会计教学中应该让学生多加训练编制财务报表和会计分录，通过模拟会计实践教学，掌握会计凭证和账簿登记方法等，让学生从模拟实践教学中更好地理解会计知识，将知识升华，将知识转化为职业能力。

三、会计教学改革的原则

随着我国经济社会的发展和改革开放的深入，经济全球化、信息一体化等发展趋势给会计职业带来了严峻的挑战，对会计人员的能力和素质提出了更高的要求。为此，高校必须对会计学专业的教育教学进行改革以适应形势发展的需要。理念决定行为，思路决定出路。在高校会计学专业的教育教学改革中，首先要有正确的理念和思路做指导。因此，高校会计学专业的教育教学改革应坚持市场导向、特色发展、能力为重和诚信为本四大原则。

（一）市场导向

经济越发展，会计越重要。随着我国经济社会的快速发展，社会对会计人才的需求日益增大。据 2006 年国家有关部门对未来 10 年人才需求的预测，在今后我国最需要的 12 类人才中，会计排在第一位。然而，从目前高校会计学专业毕业生的就业情况来看并不理想。据统计，除一些重点院校外，一般高校的会计学专业本科毕业生就业率仅为 60%～80%。可见，目前在会计人才市场上存在着需求与供给的矛盾。导致这个矛盾产生的原因是多方面的，但高校培养与社会需要的脱节是根本原因。譬如，现在用人单位招聘会计人员一般要求有会计工作经验、熟练掌握财务软件等，而高校会计学专业的学生这方面的能力普遍缺乏，这就直接影响了会计学专业毕业生的就业。

众所周知，培养适应社会经济发展需要的高素质会计人才，是高校会计学专业的培养目标。这就要求高校会计学专业的教育教学改革必须坚持以市场为导向，积极主动地根据社会经济发展对会计人才的新要求进行相应改革。高校只有坚持以市场为导向，在广泛开展市场调研的基础上，根据社会的需要设置课程体系，调整教学内容，改革教学方法，才能培养出"适销对路"的受社会欢迎的高素质会计人才。

基于市场导向的理念，当前各高校应高度重视会计信息化和经济全球化对会计学专业的影响。会计信息化是会计与信息技术融合的产物，它使会计的职能从传统的核算和监督延伸到内部控制和参与决策。经济全球化是当今世界的一大特征，它使我国对国际化会计人才的需求猛增，这些都对高校会计人才的培养提出了挑战。高校应通过开设会计信息系统、实现会计信息化、加强企业战略与风险管理、加大双语教学工作力度等措施主动迎接挑战。

（二）特色发展

当前，我国高校大都开设有会计学专业，各高校之间竞争异常激烈。如何在激烈的竞争中脱颖而出并实现科学发展，是摆在各高校面前的一个重要课题。纵观我国高校会计学专业的建设现状，存在的一个突出问题是在培养目标上同质化现象严重，不同层次的高校的培养目标大同小异，几乎都是培养"高级专门人才"。这反映出各高校对会计人才的培养缺乏深入的思考和合理的市场定位。不同层次的人才之间界限不清，导致会计教育界培养的人才与会计职业界的要求脱节，学生就业状况不理想。其实，虽然各行各业都需要会计人员，但不同行业对会计人员的需求是不一样的。快速发展的外资、民营企业需要大量的专业化、责任心强的应用型会计人才；经济全球化急需一批通晓国际会计准则和运行的高素质会计人才。然而，不同层次的高校在制订培养目标时缺乏应有的市场针对性，导致人才市场就业导向不明确。同时，不同层次的高校在教师队伍、科研水平、办学条件等方面差异很大，这就需要各高校根据学生的生源质量和综合素质制定不同的培养目标。然而，各高校在制定培养目标时，大多只重视学校的整体定位，忽视了专业自身的地位和条件，从而出现会计学专业培养目标的同质化现象，导致培养的会计人才缺乏优势，就业竞争力不强。

因此，一所高校的会计学专业要想有很好的发展，必须根据自己的教学资源、办学实力等实际情况，制定适当的培养目标。通过教育教学改革，创造出自己的特色，实现差异化发展。譬如，高校与企业、科研院所联合培养会计人才的"开放式办学"特色；高校与国际会计教育培训机构如 Kaplan 合作举办 ACCA 班培养会计人才的"国际化"办学特色；等等。总之，高校会计学专业的教育教学改革只有坚持特色发展之路，才能实现健康发展。

（三）能力为重

在我国，会计学专业执行的是知识传授和能力培养双主导型的理想教育目标。

随着信息技术的飞速发展、经济全球化和金融创新的不断推进，会计业务和环境日益复杂，会计行业面临着严峻的挑战。对此，美国会计专家指出，新形势下的会计教育"不是传授给他们具体的规章，而是传授给他们借以做出合理的、有道德的商业实践和决策行为的真正能力"，这是顺应形势发展的必然选择。正如古人所云"授人以鱼，不如授人以渔"，能力比知识更重要。因此，高校会计学专业的人才培养应以能力为重，会计学专业在课程体系设置、教学内容安排、教学方法选择等方面，都应体现以能力为重的要求。既要注重理论知识体系的系统完整，又要重视实践能力的培养训练，把理论教学与实践教学、第一课堂与第二课堂等紧密结合起来以培养学生的能力。

据专家学者研究，传统会计的记账、算账和报账职能已经不再适应现代企业对会计的要求，培养学生的思辨能力、职业判断力、决策能力是现代会计教育的方向。

（四）诚信为本

现代经济是建立在信用的基础之上的，没有诚信、不讲信用，现代经济就无法正常运行。会计工作的基本要求是真实，要求会计数据真实可靠，绝不可弄虚作假。真实可靠的会计信息是企业科学管理和政府宏观经济决策的依据，虚假的会计信息必然造成决策失误，经济秩序混乱。被誉为"中国现代会计之父"的潘序伦先生把信用看成会计事业的生命线，他认为，"立信"是会计人员安身立命的最根本的职业道德。在市场经济条件下，会计人员处于多元利益主体的中心，肩负着客观、公正地处理各方利益的艰巨任务。许多企业的管理者在追求利润最大化的经营目标下，常常会明示或暗示会计人员造假。

对此，若会计人员的职业道德水平不高，屈从于管理者的意愿做假账，就会违纪违法，毁掉自己的前程。

"诚信为本，操守为重，坚持准则，不做假账"是国家和社会对会计人员的基本要求。因此，高校在会计学专业教育教学中，必须高度重视对学生进行诚信教育，引导学生牢固树立诚信意识和守法观念，让学生把成为一个"既有精深会计技能，又有高尚道德情操的会计人"作为自己的自觉追求，走好会计职业人生的第一步。重庆某高校在这方面进行了积极有益的探索，引导学生"不做假账从考试不作弊开始"，推出了"免监考"的诚信教育模式，取得了很好的效果，受到《光明日报》《中国教育报》等媒体的广泛关注和称赞，值得其他高校学习借鉴。

第二节　会计教学模式改革

在我国，会计教学模式的改革问题一直没有受到教育界应有的重视。大部分院校的会计教学模式仍然停留在课堂讲授层次上，这是一种单纯传授知识的教学模式，与素质教学和创造教学不相适应。压缩教学课时、提高教学效果、实现个别化教学，以及调动学生对学习的积极性和主动性，培养学生的创造性思维和综合分析问题的能力都需要对传统会计教学模式进行改革。因此，教学模式的改革在素质教育、创造教育中处于重要的地位。

一、会计教学模式的转变

互联网技术的发展为会计教学模式的深层次改革提供了平台和技术支撑，会计教育工作者要解决的问题是如何让互联网技术和会计的教学模式进行深度的融合，探索出互联网时代适用于应用型本科院校会计教学的新模式。在互联网时代下实现会计教学模式深层次的改革必须实现以下几个方面的转变。

（一）教学主体化

在互联网时代下，会计教学模式的改革首先就是教学主体的转变。利用互联网技术可以让学生成为会计教学活动中的主体。教师是制片和导演，学生要从原来的观众转为演员，实现教学主体学生化。让基于知识传授的课堂教学方式转变为基于问题解决的课堂，即我们通常所说的翻转课堂的教学模式。具体的做法是，将会计教学中知识性的内容以微课的形式通过互联网课程平台发布，学生利用课余时间通过自己观看视频进行自主学习。每个学生可以根据自己对知识的掌握情况控制学习进度，没有学会可以反复学习，实现自主学习和个性化学习。课堂教学不再讲述知识性的内容，而是提出新的问题，让学生利用获得的知识去解决问题，通过解决问题的过程完成知识点的内化和提升。课堂教学的重点是帮助学生解决学习中遇到的困难和问题，教给学生解决问题的方法和思路，教师成为学习的引导者。以问题为导向的课堂教学模式可能促使学生去完成更多的阅读和学习，这样才能解决问题。课堂教学主体的转变可以激发学生学习的兴趣，提高学生分析问题和解决问题的能力。

（二）学习情景化

在互联网时代，学习情境将呈现出混合化趋势。学习的空间既有线上的课堂学习，又有线下的自主学习。互联网技术的深入发展和智能化电子产品的广泛应用使学生的学习方式变成移动式和碎片化的，只要有网络，学生就可以利用智能手机在任何时间、任何地点进行学习，提高了时间的使用效率，学习的方式更加自由和多元化，教材、发布在网络上的资源都可以利用。在同一个课堂上，有的学生可能在相互讨论，有的学生可能在自己看视频，有的学生可能在静静地看教材上相关习题的讲解，用何种方式获取知识完全取决于学生自己的喜好。但无论用什么方式，要达到的目标是一致的。这种学习情境的改变满足了学生个性化学习的需要，对激发学生的创造力、培养学生的创新思维将大有裨益。

（三）课程资源多样化

在传统教学方式下，会计专业的教学资源主要是教材和习题。以翻转课堂为例，这些传统的教学资源是无法满足翻转课堂这种教学模式的，以学生为教学主体的翻转课堂教学模式不是用视频和网络资源代替书本，而是这些资源的融合以便会计的课堂教学模式呈现出立体化，线上课堂和线下课堂做到优势互补。要实现课堂的有效翻转必须做好课程资源的建设，课程资源建设是会计教学模式改革的基石，可以通过一些途径完成一系列现有资源的整合。国内的多数视频学习网站都有会计专业相关教学视频的免费资源，教师要能够充分利用这些教学资源，对这些资源进行甄别，筛选出适合教学对象的课程资源，推荐给学生在线下观看，并设计好学生要完成的任务以及需要思考的问题。同时，教师要自行开发课程资源。由于每个学校办学特色不同，现成的课程资源并不能完全满足教学需要，还必须组织课程的主讲教师针对自己教学对象的特点，开发建设有针对性的课程资源。对传统纸质教材和习题资源进行修改，使之符合新的会计教学模式的需要。在这种教学模式下，课程的资源将呈现出多样化的趋势，纸质的教材、习题、微课视频、动态开放的慕课资源都将成为课程资源，离开课程资源建设，翻转课堂模式就没有实施的基础。

（四）考核评价多元化

目前，高校会计专业大部分课程仍采用传统考核方式，即课程的"平时成绩＋期末闭卷成绩"的考核形式，考核的内容主要是课堂和教材的知识，无法对学生职业能力进行评价。这种评价的方式的实质是结论性评价，也被称作"一考定终身"。其最大的弊端是考试时间有限，考试范围固定，以考核知识为主，无法对学生能力进行评价，导致学生平时不用功，期末考试前进行突击复习，学生考前死记考试范围，评卷教师在评判成绩时容易加入较多个人情感，难以真实反馈教师授课水平和学生掌握知识的程度。这种考核评价机制无法适应本科应用型人才培养目标的要求。根据会计专业课程的特点，借助互联网的课程平台，建立一个科学合理的考核评价体系是会计教学模式改革的当务之急。课程考核评价的方式应该从结论性考核向过程性考核转变，评价主体从以教师为主的单一主体向多元化主体转变，可以是计算机考试系统的在线评价，可以是教师的评价，也可以是学生之间的相互评价。考核评价的范围包括对整个课程教学中学生的学习态度、学习表现、能力发展等多个方面的评价，把学习过程和学习成果都纳入考核范围。考核评价不是为了难倒考倒学生，而是找出每个学生在学习过程中在哪些方面做得比较好，哪些方面还存在何种问题，学生应该如何解决，对学生的学习过程给予指导。学生不会因为自己还有不会做的习题而难受，因为可以在后面的学习中通过个人努力进行弥补。这种考核方式能够调动学生的主动性、积极性，使学习过程变得更加有趣、更加个性化，有利于促进学生能力的发展，也有利于更加全面地评价学生的综合能力。

二、现代化教学模式

（一）慕课教学模式

1. 慕课的概念

MOOC 即慕课，是 Massive Open Online Courses（大规模开放在线课程）的缩写，是近些年来开放教育领域出现的众多全新课程模式的一种。接下来，我们将对"大规模开放在线课程"（慕课）的概念逐一进行分析："大规模"的解释，无疑就是指对学习这门课程的人员数量不做任何要求，甚至没有最底线和最高线；而所谓的"在线"，即进行教学的地点主要是在网络等媒介上；专业词"开放"，则是指对该课程有着迫切向往的学习者都能参与进来，并且还是免费的。据专业人士透露，慕课这类课程并没有存在很长的时间，因此，不难推测出该课程术语的结构体系在一定程度上是不完善的，这方面的许多问题还需要进行一定的探究，还有诸多问题仍需解决。但我们并不能因此而忽视慕课的重要作用，而应对其客观评价，我们应该从多个角度来探索解决这些问题的方法，这就要求我们不单要从慕课这个客体出发考虑问题，更应该从主体本身来寻找解决问题的方法。例如，学习者在遵循慕课原则的基础之上，应善于从自身条件出发，为自己选择最快最好的学习方法与技巧，以促进自身圆满完成在线学习、互动、考核、测试等基础环节，帮助自己掌握学习的精髓，以获得相关方面的认证，也推动自身向着更高的方向发展。慕课正因为具备以上的优势，所以引起许多国家和地区高度重视。这些国家和地区甚至建立了一些专门研究慕课的专业机构，用于对慕课多方面的具体探索和研究。即便如此，各个国家和地区、不同流派之间对慕课的讨论也是截然不同的，就更别说各国人民对慕课的认识了。而产生这一切现象的原因，无非都是源自各国的经济、政治、文化的发展方式及结构构造的差异性。

追溯到慕课的起源阶段，慕课的概念都是与关联主义学习理论紧密联系在一起的。其主要观点为学习就是通过建立非正式的网络关系而产生、发展起来的。研究表明，慕课是学术理论研究方面的重大成果与结晶。一方面，体现在慕课的学术理论来源上，即关联主义学习理论，该理论不仅是学术理论研究方面的重大里程碑，而且是推动互联网时代发展的巨大动力。另一方面，慕课也在学术上占据着重要的地位，即慕课是将关联主义学习理论运用到实践中去的最好证明。它的出现，不仅为信息时代的发展提供了不可或缺的养料，而且对知识经济时代的到来，提供了一条捷径。当然，慕课的基本特征是多方面的，它不仅是一类规模巨大、开放范围广阔、在线使用、终身免费的课程，也具有特殊性质，善于运用互动式的交流方法来进行学习，它还强调学习者的高度主动性、教学内容的无规律性，以及建立学习通道的必要性。在学术发展史上，曾经还出现了一类典型的以行为主义学习理论为基础的著名的慕课课程，这类课程便是著名的 cMOOCs，其以互联的、合作的学习为研究基础，同时运用"物以类聚，人以群分"的原则来进行课程的构造。另外，当提及以上慕课的发展源头，不得不提到由后来斯坦福大学进行的名为"xMOOCs"的实践研究。不仅如此，cMOOCs 研究范围还扩展到了运用新型的应用信息技术的教学，这就从另一个方面体现出了该课程对新型课堂教学做出的巨大贡献。此外，还应引起高度重视的是，cMOOCs 还有另外一个与众不同的定义：它是对网络时空的无限延展；它是一种"从实际出发，实事求是"的教学手段，在此特点中，它着重强调的是"教授和练习"等一系列的教学环节。由以上分析中，要想充分发挥慕课的积极作用，选择一定的执行主体是十分必要的，因此，该课程的执行者应选择具备某些优势的个体。在历史的舞台上，还存在着一些课程机制在狂热的慕课思潮的影响下而声名鹊起，其中，典型代表是英国开放性大学在上述情况下，由原来狭隘服务范围内的课程资源共享平台，蜕变为传播到西方世界大舞台、在世界文化发展史上占有重要地位的共享平台。

从浅显的层面上来看，慕课是一种规模较大、在线率较乐观、开放性较高的课程模式。从较深层次的角度出发，我们可以从牛津词典的角度进行解释，具体内容如下："MOOC"属于"学习课程"的一类，其具备以下特点：靠信息技术获得；具有相对的公益性特性；对于参与的人群没有社会地位、道德素质、伦理思想等任何的限制（唯一的条件是其具有学习的兴趣）。还有一种解释将其归纳为远程教育最新的发展成果，而这一说法来源于维基百科中的典型词条。它将"MOOC"看成无严格人数限制的、具有广泛主体性的在线网络课程。同时，对于学习者而言，它的运用还存在以下优势：提供课程视频成品；提供具体的阅读材料和问题试题；提供用于交流的平台。当然以上优势产生了一定的效果，那便是为学习者和教授、助教们的交流创造了一个良好的途径。

总的来说，与传统网络课程相比较，慕课存在着以下优势：提供给学习者准确率较高、效用性极强的课件资料及学习视频与试题答案；为学习者提供比较有针对性的讨论命题和思想理论；同时，还为学习者提供比较有效率性和学术性的讨论平台。而开展慕课的效果是多方面的：第一，可以使不同层次的学生在一个比较广阔、平等的平台上进行比较正规而有技术含量的学术讨论；第二，可以打破不同学术人群之间的界限，将对学习有极高兴趣的学生与广阔远见的专家学者紧密联系在一起，从而在学术界形成一片"强帮弱，合作共赢"的壮观景象。当然，更让人值得重视的是，这类课程存在以下优势：课程全程无任何人群、知识水平方面的限制；更不用担心没有时间（无时间限制）；更没有学习环境的限制；除此之外，更为重要的一点是此类课程无资金门槛限制，可信度极高。而且尤为重要的是，此类课程打破了以往的平台限制，具有广阔的交流平台，其能够在脸书、博客、推特等学习者惯用的新媒体中进行传播。

2. 慕课的特征

随着社会的日益变迁以及慕课发展的日益成熟，慕课呈现出十分鲜明的特征，具体体现在以下几个方面。

（1）大规模

与规模较小的传统课程相比较，慕课的"大规模"特征集中体现在学习者的规模基本上没有任何规定，一门慕课课程甚至可能有上千、上万人参加。除此之外，还有另外一位学者对这一特征做出了不同的解释，即数量巨大的学习者、规模庞大的课程范围的综合体。然而，在这里大部分人都会有疑问，究竟要有多大的规模，才能算是大规模呢？那么，我们来举一组实例验证一下：就现阶段而言，他们补课的学习者，很轻易就能够达到几千人、几万人之多，我们可以想象慕课的学习者在未来的数量是不可估量的。因此，我们可以得出慕课是一种巨型课程的结论。

（2）开放性

慕课的另外一个特征是指其具有开放性。这里的开放性不仅是指参加此类课程主体的开放性，而且还包括开课环境、开课内容、资源信息等来源的多样性。尤其是在美国，慕课更显示出了别具一格的特色，在美国慕课的开展是以学生的兴趣为基础的。因此，这里的学生没有国籍、学历、地位之分，只要对该课程感兴趣都可以一起来参加，且参加此课程的程序也非常简单，仅需一个账号就可以进入该课程的全程学习。

因此，人们给"慕课"下了一个定义，即具有开放性的巨型课程。因而，"慕课"学习的性质如下：一种将分布于世界各地的授课者和学习者通过某一个共同的话题或主题自愿联系起来的方法。

（3）非结构性

从慕课的基本内容来看，其依然存在着一些不足之处，那就是绝大多数慕课提供的课程内容是比较零碎的、不系统的。

当然，它的独特之处也是十分显著的，如其内容是多种知识系统的"杂点"，因此它的知识系统是一个类似于"网站"的四通八达的知识网络，凝聚了无数专家学者的思想精髓。除此之外，慕课的原始内容并不是一开始就被紧密地联系在一起的，而是通过"慕课"这个媒介相互交融在一起的，从而构成了一个完美的知识系统。在通常情况下，没有任何一个西方的学者能够将慕课设计为顶端课程。因为，起初在大多数人眼中，它只是一些热心教育的人士，或者在一些领域顶尖的专家，为传播该领域的知识而提供的"志愿者服务"。或许，在这一过程中，曾经出现过重视慕课发展的学者，但其只是为了达到一定的功利性目的，或是出于授予学位的需要，或是出于建立课程标准的企图，或是为其自身发展谋求一定的福利。

从我国教育的基层出发，目前我国已经突破了微视频的局限，不但侧重于提供精准的课后辅导，而且充分突出慕课的"媒介"地位，以实现其课堂性质的转变。然而，在中小学等初级教育体系中，如何使教师和学生充分理解碎片化知识中的重点和它的内在逻辑（还可将其称为"基于系统设计的碎片化学习"），仍是在教育过程中值得每个人思考的问题。而产生这一现象的重要原因，即在于中小学的课程内容的基础性、原则性，而且以上分析也是东西方慕课发展方向以及发展途径有着巨大差异的原因。

（4）自主性

一般而言，每个主体对同一名词的理解都是不一样的。所以，毫无疑问，自主性从不同的学者角度考虑必有着不同的理解。首先，从关联主义的慕课推崇者来看，"自主性"标志着学习者可以根据自身的情况来设定适合自己的阶段性目标；其次，特定的主题限制内，时间、地点、质量投入的精力等要素都是靠自己把握的；再次，课程学习的形式和程度也都是靠自己来衡量的；最后，其课程考察缺乏准确的标准。当然，特殊情况除外，但值得注意的是，学习者都必须根据自己的真实情况来进行比较准确的评价。总之，这种类型的慕课完全依靠学习者本身的自觉性。但是，从另外一个角度来看，除了极少数学者的看法，大多数学者都认为慕课的自主性是学习者对自己学习体现出的认真、负责态度的象征。此外，学生进行有效的慕课学习的原理是，从教师规定基本任务出发，学生可以进行自主的探索、研究，并对此课堂的重点进行更加透彻的理解以及积极进行不同个体间的讨论，其中，最重要的是学生必须积极主动地学习。

3. 慕课在会计教学中的基本流程

（1）课前准备阶段

①教师应借助网络平台，充分收集学习资料。目前，国内网站关于会计教学的学习资料和视频都非常多，这些视频资源质量参差不齐，而且缺乏一定的针对性，与教师的教学计划有出入，难以满足实际的教学需求。因此，对于教师而言，不能采用现有的网络资源进行教学，而应该根据学生的实际情况、学生使用的教材、相应的知识点等，合理选择并整合现有的学习资源。教师在收集学习资料时要全面，避免单一化。

②教师应将慕课理念融入教学设计，整合教学内容。当今学生接收信息的途径简便，学习渠道多，慕课就是其中之一。如果教师不能与时俱进，讲的知识很可能无法吸引学生，不仅不能激发学生的学习兴趣，还可能打击学生的学习积极性。因此，教师在课前准备阶段，可以借助慕课理念，进一步梳理单元教学内容，把适合讲授、演示的知识点分离出来。例如，教师可以将基础会计教材内容按照实际工作要求，拆成一个个连贯的项目，再将每一个项目细分成若干个知识点，根据知识点的难度，进行教学设计。针对重点难点部分教师可以制作教学视频，供学生课后消化吸收。

当然，在教学内容的整合上，需要教师投入大量的时间和精力，高校可以根据自身的情况，成立课程改革小组，不断探索和寻找适合学生学习的教学模式。

③教师应培养学生课前自主学习的习惯和兴趣。教与学是统一的，学生课前能自主学习相关知识，对课程教学有很好的促进作用，能大大提高教学效果。学生课下的自主学习对学生的自控能力有较高的要求。教师需要在课前设计好相关

问题或任务，要求学生在规定的时间里完成相关的任务，收集学习过程中存在的问题。教师可通过建立 QQ 群、开通微信、制作短视频等方式，与学生保持交流和学习，把相关的学习资料、课外学习网站、作业、练习等上传到群共享，供学生下载学习。这样教师能及时解决学生反馈的问题，拉近与学生之间的距离，大大提高教学效果。除此之外，为了监督自制力较差或者学习懒散的学生，将课下的任务完成情况严格纳入考核系统，通过加大过程性的考核，提高学生自主学习的兴趣。

（2）课堂内化阶段

课堂内化阶段就是以教师和学生为主体，教与学相统一的现场直播。与慕课学习相比，同样的教学设计和授课教师，学生与教师面对面的交流更胜一筹。可问题在于同样的一门课程，不同的教师授课会产生不同的效果，有的教师能更好地吸引学生，受学生的欢迎，课堂效果好，有的则相反。这跟教师的教学能力、教学手段等是分不开的。

（3）课后巩固阶段

在校学生必须培养和提高其自学能力，充分发挥主观能动性，而这些能力的培养和提高，关键在于学生对课后时间的利用。为此教师可以建立课程群和微信群，方便和学生随时交流，并及时发布课程相关信息，对于学有余力的学生，还能在群里选择完成拓展任务，阅读课程拓展资料等。通过建立课程学习讨论群，教师能及时发现学生学习存在的问题并予以解答，既增加了师生感情，又给学生在学习的自主安排、学习内容和学习方法的自主选择上提供帮助和建议。

（二）微课教学模式

1. 微课的含义

微课的雏形最早见于美国北爱荷华大学勒鲁瓦·麦格鲁教授所提出的 60 秒课程，以及英国纳皮尔大学特伦斯·基提出的一分钟演讲。现在的微课概念是 2008 年由美国新墨西哥州圣胡安学院的高级教学设计师、学院在线服务经理戴维·彭罗斯提出的，他们的主要目的就是通过录制一些短小的视频，时间主要在 1～3 分钟，视频会标出关键词、主题以及学生需要重点学习的内容，要求学生自己在线学习或者进行课外学习。其核心理念是在课程中把教学内容和教学目标紧密联系起来，以产生一种更加聚焦的学习体验。我国首先提出微课教学的是胡铁生老师，他在 2011 年提出此种理念。他指出微课是由教师制作的微视频，其中包含有针对性地对某一知识点、某道习题或者技能等进行视频讲解示范，这是一种全新的教学模式，很好地融合了教学过程和相关资源。微课的主要呈现方式就是微视频，具有短小精悍、有针对性的优势。微课的主要内容不但包括录制的教学微视频，还包括各种教学方案、课后练习、课后总结等多种内容，这些内容相互融合构成了一个拥有明确主题结构、较为完整的资源应用环境。微课教学模式改善了传统教学模式单一的弊端，并且相较传统教学模式来说，更具有针对性，是一种以传统教学模式为基础的新型教学模式。微课制作可以由教师亲自制作，也可以从网络上下载资源。微课的起源来自网络，学习者可以仅通过一部手机或者其他移动设备就能在零散的时间内进行学习；然而微课不仅只适用于线上教学，它同样适用于线下教学，在课堂中采用微课教学模式，更有利于提升教学效果。

2. 微课的特征

（1）资源容量较小

微课主要采用视频以及其他辅助教学硬件来展开，例如，一堂微课在电脑上所占用的空间只有几十兆字节左右，同时在视频格式的选择上也是非常丰富的，几乎涵盖了所有的媒体格式，这样师生在进行教学以及学习的过程中就方便了很多。同时资源量小的微课资源也非常便于储存和携带，通常一些常用的存储设备都能够很容易地进行储存和转发，这样更加方便了教师的讲课以及学生的学习。

（2）资源构成"情境化"

微课采用的教学形式非常多样化，同时其所要表达的教学内容也非常明确以及完整。视频片段的播放方式以及多样化的多媒体素材等更加容易使教学内容变得情景化，从而加深学生的共识以及理解。教师在进行微课教学时利用情境化的教学课件更容易将学生带到教学情境中，这样学生将会更加真实和具体地体会到教学中的内容，同时这种教学模式还能够锻炼学生的思维能力以及感知能力，长期的微课学习同样可以提高教师的技能以及专业能力，从而提升课堂高校教学质量。高校同样可以针对微课进行教学改革，利用微课带来的优势补足自身在教学模式创新方面的弱点，从而加强高校的影响力。

（3）主题突出，内容具体

微课通常表现的主题非常精练而且专一，这就体现出了微课主题突出、内容具体的特点，通过对单一问题以及难点的精讲以及学习，可以加深学生对于知识点的理解，同时微课在解决一些如学习策略、学习方法等具体而明确的问题时具有非常积极的作用。

还有就是微课可将课堂中的与教学相关的教与学的活动反映出来，将课堂中的部分教学环节反映出来。微课与传统课堂相比，后者要完成的教学内容复杂多样，要达到的教学目标也非常多；而微课的目标则比较的单一，内容相对而言也比较精练，教学主题也非常明显，教学的目的性也非常明确。微课的课程设计和课程制作都是以某一教学主题为中心的。要想改变传统教学肤浅表面的资源建设，体现传统教学资源的真正内涵，就需要创建一个与教学活动紧密相连、真实有效的教学环境，微课的实施开创了主题明确、多种多样的微教学资源环境，满足了传统教学资源的深刻建设需求。

（4）草根研究，趣味创作

微课以短小精悍而著称，正因为如此，人们不必担心过于复杂的课件内容，而仅仅针对自己感兴趣或者自己专业所学来进行制作，所以微课被越来越多的人所研究和创造。微课因教学而存在，所以这就说明微课中所要表达的内容一定是与教学相关联的，是在表达一些教学方法以及教学内容，而不是专业地去论述某一个观点或者学术内容，所以这就决定了微课所创造的内容一定是与教师息息相关的。

（5）成果简化，多样传播

微课所表达的内容非常清晰、完整，而且微课所表达的主题非常突出，所以微课的教学内容很容易被学生理解和学习，并且因为微课采用的形式比较前卫，所以微课的传播方式非常方便而且多样化。

（6）反馈及时，针对性强

微课教学内容少，而且教学时间短，教师在教学结束后很容易能得到学习者对于教学内容的反馈。同时微课的作用是进行教学的辅助，从而使得教学内容更加具有针对性。

（7）自主学习，灵活选择

微课还有一个更大的特点就是学生可以利用这一形式进行自主学习，还可以针对自己的爱好和弱点等进行选择性的学习。在上课之前，学生可以通过教学视频来进行预习，然后根据自己的实际情况来把控是否需要观看视频与观看视频的时间和节奏。传统的教学是，教师在课堂上将知识点传授给学生，但是有些知识点只讲一次，学生很难理解透彻，更何况有些学生会开小差而错过某些知识点。但是利用微课，学生对于错过的或者是不理解的知识部分可以通过反复观看，从而解决这一问题。与此同时，对于一些需要时间来理解消化的部分，学生可以将视频暂停，然后进行思考；也可以将疑难部分记录下来，等到上课时和老师、同学进行探讨。在观看了微课视频之后，学生再做一些与视频教学相关的练习，这样就可以使学生学习的内容和知识点得到巩固。

3.微课在会计教学中的基本流程

（1）前期准备

微课不仅包括微视频，还包括微练习、微讲义等。授课教师在授课时主要以登记银行存款日记账的知识点结合企业实务进行讲解，组织学生之间讨论，解答疑问，指导学生操作，引导学生理解流程，掌握登记方法。

①预习微课的设计流程。按照教学设计原理，即从教学分析、教学实施和教学评价三方面对微课进行设计（表3-2-1）。

表 3-2-1　微课设计流程

分类	具体内容
教学分析	学习者分析
	教学内容分析
	教学目标分析
教学实施	教学策略选择
	教学组织形式
	教学媒体选择
教学评价	教学过程评价
	教学结果评价

②学习者分析。大学生是会计学习的主体，其整体特征虽然是充满精力、思维发散、有较强的动手能力，但是缺乏学习的积极性。这就需要教师对大学生进行学习方法的指导，鼓励支持他们对学习投入更多耐心。由于没有找到一种科学的学习方法，加之缺乏自主学习的意识，他们的会计知识学习不扎实，许多知识点都不能详尽掌握，并且学到的知识不会学以致用，只靠死记硬背，继续以这样的坏习惯学习下去，只会产生更坏的学习效果，从而造成越来越大的学习压力，产生更大的学习负担。这就需要会计教师完善自己的教学方法和教学内容，引导学生形成正确的学习方法，帮助学生进行自主学习。

（2）微课开发流程

微课的开发流程可以按照以下三个方面操作。

①真实情境素材收集

A.走访企业，开发合作。创设真实情境，最大程度还原会计工作。与企业合作开发微课录制事宜，在观察会计记账工作的基础上，搜集各种与财务相关的凭证、对账单等，征询企业会计人员的意见，对微课教案和脚本不断修改，尽量使知识点的讲授贴近实际，创新授课形式。同时，还可以拍摄企业内会计人员的办公室环境、账册资料、办公桌布置等，最大限度还原会计人员工作环境。

B. 多媒体素材收集。教学媒体包括图片、声音、视频等。由于企业财务资料的保密性，部分素材如完整的日记账、凭证的复印件等，无法从企业获得。因此，教师可以从网上搜集相关图片以及日记账的相关资料。

②微课录制

微课录制方法主要有以下三种：数码手机拍摄（手机＋白纸）、可汗学院模式（录屏软件＋手写板＋画图工具）、录屏软件录制（屏幕录制软件＋PPT）。以上几种方法可根据微课内容进行混合式录制。

微课的录制需要提前确定好录制时间、地点、工具、演示者以及摄像师，录制中的演示者在录制过程中要提前熟悉教案，了解流程和注意事项，并按照脚本和要求事先排练一遍，以使录制时更加顺利。摄像师要注意镜头切换平稳，跟随演示者动作拉进或放宽视线，特别是当镜头聚焦在演示素材的重要处时要进行放大特写。演示者只在视频的开头和结尾处出境即可，以保证学生在观看过程中注意力集中，减少干扰。因为演示者都是具备财务工作经验的会计人员，演示日常操作流程会较为顺利，所以各条镜头基本不用重复拍摄，10 分钟以内即可完成拍摄。若是录屏软件录制，可以按照建构主义的案例—问题—讲解—启发—应用教学模式，在微视频开头和结尾的 PPT 上分别列出问题和进行小结，录制时插入声音，并保存为视频格式。后期编辑可以采用相关剪辑软件对拍摄视频和软件视频进行剪辑，对视频进行连接和精简。

③微课质量评价及修改

为了检验微视频制作的质量、微课设计的合理性以及学生对微课教学的适应程度，可以邀请其他教师和部分学生观看，对视频进行打分并提出看法和建议。之后，整合梳理其他教师和学生提出的看法和建议，修改微课，促进微课更好发展。

（三）翻转课堂教学模式

1. 翻转课堂的含义

翻转课堂译自 "Flipped Classroom" 或 "Inverted Classroom"，也可译为 "颠倒课堂"。埃里克·马祖尔在 20 世纪 90 年代于哈佛大学最早创立了同伴互助（Peer Instruction）教学方式，并开发了免费互动软件、学习网站供学生课后讨论应用和交流反馈，这成为翻转课堂的最初原型。美国学者格伦普拉特和迈克尔在美国迈阿密大学开设"经济学入门"课程时采用翻转教学模式，并着重介绍如何使用翻转课堂激活差异化教学。格斯坦构建了翻转课堂模型，包括体验参与、概念探索、意义建构和展示应用四个阶段，并在各个阶段设计了相应的学习活动。

翻转课堂是指重新调整课堂内外的时间，将学习的决定权从教师转移给学生。在这种教学模式下，在课堂内的宝贵时间内，学生能够更专注于主动的基于项目的学习，共同研究解决本地化或国际化的挑战以及其他现实世界面临的问题，从而获得更深层次的理解。教师不再占用课堂的时间来讲授信息，这些信息需要学生在课前完成自主学习，他们可以看视频讲座、听播客、阅读功能增强的电子书，还能在网络上与别的同学讨论，能在任何时候去查阅需要的材料。教师也能有更多的时间与每个人交流。在课后，学生自主规划学习内容、学习节奏、风格和呈现知识的方式，教师则采用讲授法和协作法来满足学生的需要和促成他们的个性化学习，其目标是让学生通过实践获得更真实的学习。翻转课堂模式是大教育运动的一部分，它与混合式学习、探究性学习、其他教学方法和工具在含义上有所重叠，都是为了让学习更加灵活、主动，让学生的参与度更强。互联网时代，学生通过互联网学习丰富的在线课程，不必一定要到学校接受教师讲授。互联网尤其是移动互联网催生"翻转课堂式"教学模式。"翻转课堂式"是对基于印刷术的传统课堂教学结构与教学流程的彻底颠覆，由此将引发教师角色、课程模式、管理模式等一系列变革。

2. 翻转课堂的特征

利用视频来实施教学，在多年以前人们就进行过探索。在 20 世纪的 50 年代，世界上很多国家所进行的广播电视教育就是明证。为什么当年所做的探索没有对传统的教学模式带来多大的影响，而"翻转课堂"却备受关注呢？这是因为"翻转课堂"有如下几个鲜明的特征。

（1）动态式课程设置与改革

一是紧跟会计职业发展最新动态与需求。在会计的课程设置与改革中，要深入研究会计行业发展的新情况、新形势，了解当前社会对会计人才的知识、能力、素质的要求。综合金融行业、金融学科、会计学科发展的新需求，以需求为导向进行课程的新设置与动态改革。二是与会计人才培养方案改革结合，增加会计理论与实务。与会计人才培养方案改革配合，增加一定的金融学科基础课程和实务培训，如金融市场学、投资学、国际结算、金融风险管理等课程。不断追踪会计前沿领域，将会计行业发展的新知识、新成果和云会计、大数据等新技术引入教学内容,实现会计学科的最新发展与国内外金融业发展动态紧密结合。三是更新选用最新的教材与案例。鉴于会计改革呈现加快调整的趋势,会计教学中应积极引进国内外流行、不断再版更新的高质量教科书,不仅开阔学生视野,优化其知识结构,还能提高其职业竞争力。

（2）开放式课程设计与教学

一是教学内容更加开放。增强学生的参与性和教学内容的生动性,将教师第一课堂的单边授课调整为引导学生参与,并且是广泛地互动参与,改革教师授课的单一性为多元学生主体参与互动的开放性。如现金内容可增加假币识别方法,支付结算部分可增加票据案例与识别方法,中间业务可增加分角色分小组业务核算,提高学生互动参与性与开放实用性。二是教学主体更加开放。通过开展产教融合、校企合作等模式,邀请金融行业的财务实务人士到学校以短期授课、专题讲座、案例大赛等形式,给学生传授新时期会计知识、实务方法等。三是教学模式更加多样。为激发学生的兴趣和探究激情,创设会计的相关问题情境,引导学生体验会计知识,启发学生自主探究会计制度与方法。设计采取互动开放的教学模式,如问题式教学、情境式教学、发现式教学、讨论式教学、案例合作教学、辩论比赛等形式,鼓励学生展开质疑与批判,培养学生的职业创新思维和创新能力。

（3）互动式课程评价与反馈

一是提高学生学习情况的综合反馈效率。借助"互联网+"的资源平台,学生在平台上有关金融会计课程的订阅学习情况,能方便快捷地统计分析,便于教师动态掌握学生学习状况,通过大数据的高效快捷反馈,在后续的课程设计、教学资源选取、教学方法等方面进行改进和调整。"互联网+"的大数据平台能可视化统计呈现许多教学数据,如教学资源的点击次数、资源种类的访问量、师生交互情况、学生的问题反馈等,教师根据学生的学习需求和学习习惯反馈,后期不断解决课程教学中产生的问题,进一步完善教学资源库,采用更加符合学生需求的教学形式,调整教学方案和教学内容,以达到最佳的教学效果。二是提高教师教学质量评价与反馈效率。教学质量评价是高校教育教学管理中不可缺少的重要内容,以"互联网+"为平台的大数据管理分析,可大幅提高学校教学管理、教学质量和学校办学效益等方面质量评价的效率。从全面反映教师的教学效果和学生的学习效果出发,围绕专业核心课程,依托"互联网+"进行改革设计,以试点课程数据分析为客观基础,教研组展开课程讨论、课程评价和课程改革。

3.翻转课堂在会计教学中实施的基本流程

目前，我国会计课堂对翻转课堂的实施刚刚开始，对于教师而言，适应这种新的课堂模式是一个不小的挑战，需要教师根据新的模式和学生的知识接受程度，调整之前的授课方式和教学内容。要做到这点，就需要教师摒弃之前一些旧的教学观念和方法，依据翻转课堂要求的新理念、新方法来教授学生知识，并在不断的教学实践中，运用各种技术手段提升课堂教学效果。

（1）制作 PPT 和教学视频

教师查找教学知识点的相关教学资料、教学视频、学科前沿知识，确定学习目的、学习要求以及学习重难点，布置针对性习题和思考题，根据高校学生的特点与个性化需求，以及高校学生职业素养的需要，制作每一个知识点的 PPT 课件，并借助录屏软件边讲边录下来，最终上传到网络学习平台，供学生观看学习。

（2）下载并观看视频课件资源

学生在开展自主学习前先明确知识点的内容以及重难点，之后就可以下载教师预先上传的教学 PPT、教学视频、各种教学资料。学生也可以在线观看视频资料，边看，边思考，边记录，完成教师布置的针对性习题和思考题，了解自己对知识点的掌握情况。另外，视频还可以重复观看。

（3）教师解决学生学习问题

在"课堂上"，教师要根据学生完成的针对性习题和思考题的情况，帮助学生解决疑难问题。教师要利用学生的性格特点以及心理因素，激发学习兴趣，鼓励并引导学生积极抢答，让更多的学生参与进来，一起讨论并解决，最后由教师给予总结点评。

（4）完成"学习档案"

"学习档案"是指每个学生在课堂下的学习成果以及在课堂上的表现，记录他们的学习过程并建立档案。学习档案是实施翻转课堂的有效保障，学生可以翻看自己的学习档案，了解自己对每一个知识点的掌握程度，教师可以通过学习档案了解学生对每一个知识点的学习情况以及对后续知识点的跟踪反馈情况。

第三节　会计教学方法改革

教学方法的改革，是教学研究的永恒课题，是大幅度提高教育教学质量的关键。教师落后的教学观念、陈旧的教学方法，造成的课堂教学效率低下。教师大量使用的满堂讲、满堂灌、满堂问的陈旧教学方法，大量占用了学生的自主学习、独立思考、积极探究的时间和空间。教师细致讲、反复讲，反而增长了学生的依赖性，学生被动接受知识，被剥夺和削弱了自我感悟、自我体验、自我内化的权利和积极性，从而导致学生知识结构缺乏整合，技巧和能力难以内化，等等。

鉴于此，积极倡导教师在新的教育理念和教学观念的指导下，大胆地进行教学方法改革，教师在教学中组织学生自主学习、合作学习、研究性学习，让广大学生自主、和谐、健康、全面发展成为当务之急。

一、会计教学方法

（一）不同会计教学方法的要求

会计课堂教学改革了以知识传授为中心的传统会计教学方法，引导学生成为会计课堂教学的主体，探索以会计人才能力框架培养为主的人才培养模式，强化对整个学习过程的激励和管理，提高学生参与的积极性。案例教学、业务能力表演、任务驱动教学、MOOC 教学等多种会计教学方法切实提升了会计教学效果。

（1）案例教学

案例教学要求学生提前阅读相关案例，课堂组织学生开展讨论，师生之间反复互动交流，以提高学生分析问题和解决问题的能力。

（2）业务能力表演

业务能力表演要求学生根据会计、财务和审计工作实际情况，模拟相应的专业岗位进行演练，并拍摄成视频。该方法培养了学生团队合作能力、专业实践能力和人际沟通交往能力。

（3）任务驱动教学

任务驱动教学要求教师以完成具体任务为线索，把会计教学内容巧妙地设计隐含在单个的任务中，以学生分组的形式完成任务，引导学生学会自主发现问题、思考问题和解决问题的方法。

（4）MOOC 教学

MOOC 教学要求教师把课堂教学内容制作成"MOOC"，通过"MOOC"教学方法提高学生把握知识点的能力和教学质量，实现优质教师资源共享，延伸课堂教学的时间与空间，实现会计信息化教学平台的高效利用。

此外，学院应积极引导教师掌握互联网新技术并运用于会计教学改革中，鼓励教师学习计算机网络、云计算、大数据等现代信息技术，并把这些新技术运用在会计课堂教学中，改变传统的会计教学方法，同时通过校企合作，使教师掌握先进的会计实践教学方法，并把这些教学方法运用到课堂教学改革中。

另外，会计教学方法的改革措施可从以下两方面入手。

第一，提高互联网会计教学使用率。学院教师应与时俱进，教学思维要不断革新，积极主动加快推进互联网会计教学改革与发展，提高互联网会计教学高效性，以适应学院会计教育体系改革和会计人才培养建设改革需要，为"互联网+"时代会计领域培养更多"互联网+"会计人才。

第二，进一步开展会计案例教学。尽管当前会计案例教学在学院已被应用于日常会计教学过程，但效果还有待提高。随着学院会计教育体系的不断完善，为适应"互联网+"时代学院会计教学改革发展的需要，教师应重视会计案例教学，同时提高案例教学的综合运用能力，并进一步结合"互联网+"时代提供的机遇，利用互联网信息技术的优势，进一步开展会计案例教学，提高会计案例教学效果，促进学生真正从案例教学中学到知识，同时通过案例的学习，了解社会一些会计热点问题。

（二）会计第二课堂教学

会计的第二课堂教学，是指在坚持党组织的领导下，学院以培育学生创新能力为主要目标，形成完善的学生能力培养体系。

（1）以学生党员为主导的第二课堂组织活动

以学生党员为主导的第二课堂组织活动注重发挥学生党员在第二课堂中的模范带头作用，以学生党支部为主体，充分发挥党员的先锋模范带头作用，开展各种形式的第二课堂活动，培养学生的组织、创新、会计专业实践等能力。

（2）以专业竞赛为导向的第二课堂创新活动

以专业竞赛为导向的第二课堂创新活动注重以比赛的形式，培养学生的创新能力。组建学生竞赛团体，安排专门教师负责参赛项目业务，指导学生训练。通过第二课堂活动进行各类赛前学习训练，实现以竞赛为载体的创新能力培养。

（3）以获取证书为导向的第二课堂团体活动

注重引导学生参加各类有价值的专业证书考试。随着我国对各类职业资质证书的规范，学院应调整思路，重新布局专业证书的引导方向，在组织上构建以反映职业胜任能力的"初级会计师"和管理决策能力的"美国注册管理会计师（CMA）"为主的学生第二课堂学习团队，以证券从业、银行从业等其他证书为辅的学习团队，全面渗透到各年级会计专业。

"互联网+"时代，传统"填鸭式"和"灌输式"教学方法对会计人才培养而言太过于落后，严重影响会计人才质量，培养的会计人才难以满足企事业及部门对会计岗位的需求。会计教师应适时不断地改善教学方法，充分利用网络、微时代 App、智能手机 App 等现代新技术实现会计课程教学内容虚拟化、课程知识能力微课化、课程教学资源网络化、课程教学方法翻转化、课程学习平台终端化、课程学习评价智能化；利用"蓝墨云班课""QQ 课堂"等线上教学软件进行点名、投票、问卷、头脑风暴、答疑、布置作业、测试，完成线上的全过程评价；充分利用"网中网"作业平台推进无纸化考试的推广和实施；将课程按照专题或模块结合实际案例设计微视频教学资源，课堂上针对微视频案例资料，利用互联网技术教学，创造新的教学环境，促进学生对会计课程的学习和掌握，提高会计实践教学质量和学生学习效率，为学生的会计知识学习提供更为个性化、信息化的教学服务。

二、项目教学法

（一）项目教学法的含义

这种教学方法中教师的角色由在教学中起主导作用转换为只起引导作用，主要完成项目的是学生自己，学生需要通过自己的所学、所思处理项目。与项目相关的工作都需要学生亲自规划方案并实施。这样，学生在完成项目的整个过程中会对项目细节更了解，要求更明确，并且积极主动性也会增加。这就是所谓的项目教学法，它的特点是以学生为主、以教师为辅。这种教学方法主要应用在课程里的知识应用部分，将知识应用转换为在实践中提升学生能力。模式是由学生通过完成教师精心安排的教学项目，充分发挥自己的能力，自我担当起项目的负责人，独立完成相关多项工作。这种方式的好处在于，学生全程参与项目的完成，对其中的每个部分以及整体构建都非常明了，更能直接学习到其中传递的思想和意义。

（二）项目教学法的操作流程

在项目教学中，我们常常以四步走的模式完成。具体而言，第一步是计划项目阶段，这个阶段主要是由教师进行完成的，教师需要了解课程做出描述和计划；第二步是信息准备阶段，准备工作开始后，教师要帮助学生认识、理解自己拿到的项目任务，引导学生独立思考问题所在，能够为具体实施做准备；第三步是项目实施阶段，学生分组规划出计划实施步骤，以独立小组为单位进行工作；第四步是项目评价阶段，评价可以包含多个参与主体，如教师进行点评、来自团队的点评、学员自己的分析评价，也可以将这些全部体现出来。四个步骤每走一步就进行一次总结讨论，不断地精进过程，直至高质量地完成全过程。

（三）项目教学法的具体实施

项目教学的过程可以提高学生的认知能力，在具体的财务核算中，学生一步步操作后能理解并具备一定的会计能力。下面具体论述项目教学法的实施。

1. 项目计划阶段

这个时期需要教师付出足够精力，将课程教材中所包含的相关材料——采购业务核算内容进行整理、组织，以符合当时学生兴趣方向的企业为项目案例来源。

2. 项目准备阶段

通过对各个年级的分析，考量各个年级之后发现最适合此项目的是大二学生。由于大二学生在大一时已经学习了会计基础课程，在大二初期也接触过财务课程流程，对职业岗位过程有一定了解，初步学习了收集、编制记账等财务账目处理方法，掌握了简单的会计工作要求。大二学生缺乏的是将所学专业知识实践化的能力，还不能很好地将理论结合实际，因此可以以大二学生为教授对象。这个项目的操作目的正是锻炼学生的实操能力，通过参与企业材料采购的账目的整理、分析，既提高了学生的动手能力又提高了学生的职业道德认知，还锻炼了学生的会计职业修养。要将全班学生划分成小组，每个小组设置小组长一名。由课程较好的组长带队进行任务开展。

3. 项目实施阶段

这个阶段为正式步入工作时期，教师给学生提供广阔空间，让准备时期已分配好的各个学生小组对具体工作任务进行讨论和部署。教师随时了解小组的工作情况和变化情况，及时给出指导意见，帮助学生不断优化进程直至目标达成。教学实施过程如下。

（1）材料采购业务核算

公司执行采买工作，相对应职能部门可通过小组讨论完成工作任务分配，确定需要做的工作。会计员根据审核无误的原始凭证，编制记账凭证，业务员按购货合同采购材料，将购货发票的发票联及记账联交会计验收。材料入库后，填制收料单，将记账联交会计。供应商按合同销售货物，开出销货发票并发运货物，会计主管审核记账凭证。需要特别注意的是，在完成任务过程中，学生要做到保证收集到的原始票据的真实性，对于可疑票据要进行核实。要将诚信的职业道德贯穿于完成任务始终。从业务人员的角度分析，在工作中也需要遵守职业道德才能更好地完成工作，交代工作成果。公司其他辅助配合部门亦有义务如此。

（2）分析单据，确定核算账户

取得相关单据，并详细分析，确定应该设置哪些会计账户进行核算。教师给出任务题目及要求，学生根据任务题目中发生的经济业务进行探讨。通过具体项目的任务完成过程，提高学生独立整理账目的能力，教师在分配任务时，设置问题账目以便观察学生能否洞察问题所在。这个题目的专业性细节问题分析、转换历程就是学生对会计职业道德中诚信守法、依法纳税的切身体会和认知，必然能大大加强其自身职业素养。

（3）依据真实票据制作账目凭证

学生依据任务题目，陈列项目完成成果。教师帮助学生剖析项目实施全程中出现的问题，并做针对性讲解和纠错。通过学生完成实践项目的过程，学生可学习到项目任务中所融入的道德以及相关法律知识，在实践中深刻体会其重要意义，提升自我道德认知。

4. 项目评价阶段

学生展示自己的工作成果后，首先教师对每项成果进行检查和评定，然后由各个其他小组对各个小组的工作效果一一评定并详细做出总结，再由各个组长将总结公开阐述。最后，教师对本次模拟工作情况在各个角度上实施总体评价，指出优点和缺点供大家最终学习、思考、改善。在这个评价过程中学生由始至终保持参与状态，在不断地完善和听取意见以及改进方法的历程中迅速成长。

三、案例教学法

（一）案例教学法的含义

案例教学法起源于 20 世纪 20 年代，由美国哈佛商学院所倡导，当时是采取一种很独特的案例形式的教学，这些案例都是来自商业管理的真实情境或事件，透过此种方式，有助于培养和发展学生主动参与课堂讨论，实施之后，颇具绩效。这种案例教学法到了 20 世纪 80 年代，才受到师资培育的重视，尤其是在 1986 年美国卡内基小组提出的《准备就绪的国家：二十一世纪的教师》报告书中，特别推荐案例教学法在师资培育课程的价值，并将其视为一种相当有效的教学模式。而国内教育界开始探究案例教学法，则是 20 世纪 90 年代以后的事。

案例教学法是一种以案例为基础的教学法（case-based teaching），案例本质上是提出一种教育的两难情境，没有特定的解决之道，而教师于教学中扮演着设计者和激励者的角色，鼓励学生积极参与讨论，不像传统的教学方法，教师是一位很有学问的人，扮演着传授知识者的角色。案例教学方法有一个基本的假设前提，即学员能够通过对这些过程的研究与发现来进行学习，在必要的时候回忆出并应用这些知识与技能。案例教学法非常适合于开发分析、综合及评估能力等高级智力技能，这些技能通常是管理者、医生和其他的专业人员所必需的。案例还可使学习者在对情况进行分析的基础上，提高承担具有不确定结果风险的能力。为使案例教学更有效，学习环境必须能为学习者提供案例准备及讨论案例分析结果的机会，必须安排学习者面对面地讨论或通过电子通信设施进行沟通。但是，学习者必须愿意并且能够分析案例，然后进行沟通并坚持自己的立场，这是由于学习者的参与度对案例分析的有效性具有至关重要的影响。

（二）案例教学法的特点

在互联网时代，会计教学方法是会计教育改革的重要组成部分。在新时期，各类教学方法是对教学改革的启发和总结。案例教学法是对传统教学模式的补充，使学生在学习会计理论知识的同时，通过剖析案例，将学到的理论知识运用到实际生活中，以提高会计分析能力。随着教育体系的不断完善，为适应教学改革的需要，案例教学也应该逐渐被重视起来。其逻辑起点是较正式地阐明概念结构和理论，然后用例子和问题来论证，教师授课辅之以阅读、音像、练习和习题等有效方法传递具体事实、原则、系统技术。案例教学通过对具体事件的分析来促进学习，最突出的优点是学生在学习过程中扮演了更为积极主动的角色。这种方式从归纳的角度而不是从演绎的角度展开某一专题的学习，学习过程中让学生高度投入事先安排好的一系列精巧设计的案例讨论之中，从而达到教学目的。

案例教学法的主要教学目的是提高学生对知识理论理智性的理解及应用能力，提高和培养学生的评论性、分析性、推理性的思维和概括能力、辩论能力以及说服能力方面的能力和自信心。案例教学法能够使学生认知经验、共享经验，能够促进学生扩大社会认知面以及激发学生解决一些社会问题的愿望。此外，案例教学法也利于培养和发展学生的自学能力和自主性思维。在会计教学中，授课的意义受到极大的限制。因为对于资历较浅，尚处于成长期的会计专业学生来说，事实、原则和技术只是他们应该掌握的知识的一个次要部分。许多学生在复杂多变的环境中工作，必须在不具备可靠的完备信息的前提下，做出判断并采取行动，如果只会查阅有关原则、理论和事实的记录而不能做出判断，就不能出色地完成学业和工作。事实上，学生的知识水平在很大程度上并不能决定其成败，决定其成败的是到底怎样思考、怎样判断和怎样行动。

（三）案例教学法的具体实施

1. 学生自行准备

一般在正式开始集中讨论前一到两周，就要把案例材料发给学生。让学生阅读案例材料，查阅指定的资料和读物，搜集必要的信息，并积极地思索，初步形成关于案例中的问题的原因分析和解决方案。教师可以在这个阶段给学生列出一些思考题，让学生有针对性地开展准备工作。注意这个步骤应该是必不可少而且非常重要的，这个阶段学生如果准备工作没有做充分的话，会影响到整个培训过程的效果。

2. 小组讨论准备

教师根据学生的性格特点、知识储备以及解决问题能力和分析问题能力等，将学生划分为由 3～6 人组成的几个小组。小组成员要多样化，这样他们在准备和讨论时，表达不同意见的机会就多些，学生对案例的理解也就更深刻。各个学习小组的讨论地点应该彼此分开。小组应以他们自己有效的方式组织活动，教师不应该进行干涉。

3. 小组集中讨论

各个小组派出自己的代表，发表本小组对于案例的分析和处理意见。发言时间一般应该控制在 30 分钟以内，发言完毕之后发言人要接受其他小组成员的讯问并做出解释，此时本小组的其他成员可以代替发言人回答问题。小组集中讨论的这一过程为学生发挥的过程，此时教师充当的是组织者和主持人的角色。此时的发言和讨论是用来扩展和深化学生对案例的理解程度的，然后教师可以提出几个意见比较集中的问题和处理方式，组织各个小组对这些问题和处理方式进行重点讨论，这样做就将学生的注意力引导到方案的合理解决上来。

4. 总结阶段

在小组和小组集中讨论完成之后，教师应该留出一定的时间让学员自己进行思考和总结。这种总结可以是总结规律和经验，也可以是获取这种知识和经验的方式。教师还可让学生以书面的形式做出总结，这样学生的体会可能更深，对案例以及案例所反映出来的各种问题有一个更加深刻的认识。

四、任务驱动教学法

（一）任务驱动教学法的含义

任务驱动教学法是一种教学方式。这是一种新兴的教学方法，它是建立在构建主义学说上产生并应用的，是一种培养学生自主学习的模式，是不同于传统教学模式的新应用，它所突出的是让学生通过各个方式的实操锻炼、互动学习来增强其应对问题时的处理能力。所谓"任务驱动"就是在学习信息技术的过程中，学生在教师的帮助下，紧紧围绕一个共同的任务活动中心，在强烈的问题动机的驱动下，通过对学习资源的积极主动应用，进行自主探索和互动协作的学习，并在完成既定任务的同时，引导学生产生一种学习实践活动。"任务驱动"是一种建立在建构主义教学理论基础上的教学法。它要求"任务"的目标性和教学情境的创建，使学生带着真实的任务在探索中学习。在这个过程中，学生还会不断地获得成就感，可以更大地激发他们的求知欲望，逐步形成一个感知心智活动的良性循环，从而培养出独立探索、勇于开拓进取的自学能力。

任务驱动的教与学的方式，能为学生提供体验实践的情境和感悟问题的情境，围绕任务展开学习，以任务的完成结果检验和总结学习过程等，改变学生的学习状态，使学生主动建构探究、实践、思考、运用、解决的高智慧的学习体系。通过这种方式教学，学生能表现出积极主动的学习态度，能将自己所学到的专业理论知识和学习到的有效方法一起分享、探讨。大家在进行讨论的同时又可以不断总结和完善。由于教师在设计教学内容过程中对重点知识拆分不同的部分进行任务分配，每个不同的重点任务都是符合学生当下所具备的水准的，所以学生会非常积极主动地去尝试完成这些设置好的任务。这种教学活动迎合了学生思维状态，使其非常乐意在这种学习方法中锻炼实践技能，调动了学生自主学习完成任务并在任务工作中提升自己的意愿。

（二）任务驱动教学法的特点

任务驱动教学法注重的是解决问题的过程，而不是对产生的问题进行讨论和最后得到结论，任务驱动教学法能够让学习者更好地把理论和实践相结合，将自身学到的理论知识应用到实际解决问题上，全面培养学生处理真实业务的全面素质，它更加注重的是发生工作问题时面对问题的历程。任务教学由于设计任务模块小，对于场地和时间的限制比较小，所以能够被更好地实现，同时它的教学目标也相对更加明确，而项目教学方式一般是建立非常全面的整体项目来展开实践活动的，它对空间、时间的要求相对要高很多，不容易轻易满足教学条件，实现起来相对困难。再者，由于任务教学方式是递进式教学，它可以将学生习得的小知识点融入完成任务的锻炼中去，可以逐渐提升任务难度，让学生循序渐进地巩固所学知识，增强自身技能。最后，学生在点滴的任务完成后，还可以将所有任务进行整合总结，这个过程无疑又是学生复习运用之前知识点的一个过程，经过反复的思考最终实现扎实掌握。

（三）任务驱动教学法的具体实施

目前来看，对于实操课程应用项目教学法能达到更好的教学效果，而对于理论课程的学习适用任务驱动教学方法则效果更加明显。这种教学方式的具体实施，大致可以分为以下四项。首先，是构建一个模拟情境。这种构建要符合学生的现有水平，模拟的情境要符合生活常理，出现的情况属于日常范围。其次，教师在选择模拟题材时需要有侧重点，选择能够突出教学目的的案例进行情境构建，使学生能从学习过程中掌握课堂教学目标。再次，教学过程中需要教师的全程参与和指导，教师可以在学生遇到问题时给以适当的提示，帮助学生寻找思路，但是要注意引导学生充分发挥自主性，教师起辅助作用。最后，任务完成后需要大家做出总结以及评价。通过总结评价达到两方面的目的：一是看学生是否在完成任务的过程中运用所学知识并解决了教师构建情境中的问题；二是通过独立完成教学方案，学生的能力是否有明显提升。

第四节　会计教学资源改革

一、教学资源的含义

教学资源是为教学的有效开展提供的素材等各种可被利用的条件，通常包括教材、案例、影视、图片、课件等，也包括教师资源、教具、基础设施等，广义也应该涉及教育政策等内容。从广义上来讲，教学资源可以指在教学过程中被教学者利用的一切要素，包括支撑教学的、为教学服务的人、财、物、信息等。从狭义上来讲，教学资源（学习资源）主要包括教学材料、教学环境及教学后援系统。

自从 20 世纪 30 年代视听教育兴起以来，媒体的种类越来越多，应用也越来越广泛，教育观念也正在发生变化。早期，教师被看成信息源，媒体只起单向传递作用，把知识传授给学生，学生处于被动学习状态；到了 20 世纪 70 年代，人们认识到学生是学习活动的主体，媒体成为师生相互沟通的中介物，师生应该更多地交流；到了 20 世纪 80 年代，学习心理学的发展推动了教育技术的进步，媒体再也不仅仅是传递信息的"通道"，而是构成认知活动的实践空间和实践领域，人们更加注意和关心媒体环境了；到了 20 世纪 90 年代，人们认识到"教育技术是对与学习有关的过程和资源进行设计、开发、运用、管理和评价的理论和实践"，教学资源已经被提到了非常重要的地位，关心教学资源建设，加强对教学资源的认识和研究是极其迫切的任务。

教学资源可以理解为一切可以利用于教育、教学的物质条件、自然条件、社会条件以及媒体条件，是教学材料与信息的来源。在教学资源构成的大环境下，学生的学习需求在教师的指导下，可以主动地利用资源来满足。我们应该认识到，不仅教学媒体是教学资源，教师和学生也是教学资源，要充分利用一切可以利用的资源，为学生创造一个更完善的环境。

二、教学资源改革的类型

（一）教学媒介改革

许多媒体如 QQ 工具、微信平台、网络平台、微课、多媒体会计教学系统平台等，由成长的信息科技所产生参与到教育领域，很短时间内烦琐多样的媒体及依托于计算机网络技术与视听技术的多媒体智能教育体系成了发展的主流，而不再是简洁直接的 PPT 与传统的直接性教育媒体。课堂作用和职能随着教育的网络化、数字化、智能化的繁荣连续增加与扩大。这些新出现的媒介不仅变成人们的学习资料和认识器械，还变成了会计教育信息的介质和协助手法，接连更改着教育环境的构成因素。比如，会计教育课上教师点名环节采用微信课堂点名的方式，极大减少了点名时间，增强了讲课功效。虽然课上运用信息化的方式各式各样，但教师无法避免的问题与研究的范畴是怎样运用现代教学科技和多媒体教学资料的优点推动提升教与学。

（二）教材改革

会计专业要求具备极强实践性，对学生的需求不单是要拥有牢固的理论根基，还要掌握会计基础技巧、学习实践技巧。信息时期科技助力课堂教育，为教育供应信息化教育氛围和支撑，运用多元化教育资料实施教育。实行教育的前提是会计的教育资料，运用当代资料优点及教师间配合，在古板的会计教材体制上建设开通性教育资料以及信息化教育资料体制，依托于课程知识构造建设多元化聚集教育资料。比如，在《会计基础》中，教师能够使用信息化网络采集实践技巧教育资源，凭借组合课程与信息科技在创建精品课程中渐渐使课堂理念丰盛，着重使用与探索信息化练习器械，创建条件营造数据化学习和情境化教育氛围，并共享依托于微信公众平台上的课程学习成果。

教材是体现教学内容和教学方法的知识载体，是教学的基本工具，也是体现课程教学水平的重要标志，但是现有会计教材体系混乱、门类复杂，不同教材间基础观点存在出入，而且不同课程教材内容交错重复严重，因此应注意选用国内外优秀教材，并且随着会计行业的发展和会计专业研究的不断深入，教材也应与时俱进，进行相应修改和补充，努力使学生所学的知识是正确的、不落伍的、结合实际的。

三、教学资源库的建设

随着科学技术的发展，依托互联网的多种资源，各行各业迅猛发展，中国经济也得到了迅速发展。根据现代教育与互联网的结合，会计教育也在慢慢与互联网进行融合，以便满足学生、教师、社会人员对会计知识的需求。例如，多媒体素材库里面有会计方面的图片及录像资料，建立为多媒体教学服务的多媒体素材库，能使课堂教学更生动形象，有助于学生的理解；课件库里包含课程群中各门课的课件，在不违背教学大纲的前提下，各位教师可根据自身特点制作课件，同时教师做定期交流，深化教学内容。

习题库和试题库由该课程的教师建设，习题库应包含课程所需掌握的全部内容，通过练习，加深学生对所学内容的理解和掌握。试题库应包含大量该课程考试所能涉及的所有类型、不同难度的题目。这样一来，即使不是本课程的任课教师，也可以在不同难度不同类型的题目中任选一部分题目，组成一份标准的试卷。由此可见，建设试题库不仅有利于考教分离，而且还可以丰富教学资源。此外，还应积极进行网上资源建设，积极构建网络教学平台，为学生提供电子课件、电子教案、网上习题、网上答疑等教学资源，培养学生自主学习和分析、解决问题的能力，因此建立会计教学资源库是非常有必要的。

但是要建一个好的案例库并非易事，我们认为应注意以下几点。

一是要广泛收集资料，可通过上网搜索、查阅教材、查阅报刊、实地调研等多种渠道获取案例。二是要根据教学内容要求对现有的资料进行筛选、修改、补充及完善，要注意使资源具有代表性、典型性，而且要注意时效性，能跟上时代的要求。三要注意建立一个好的资源库不是某一个或某几个教师能够完成的，需要广大教师的积极参与。

（一）会计职业信息库

会计职业的市场需求面广，电商企业、物流行业、生态农业、制造业、商业、餐饮业、旅游业、咨询服务业、金融行业等都需要会计人员。但不同行业对会计人员专业知识侧重点的要求不同，对会计职业资格的要求也不同。此外，会计从业人员还要了解与自身权益相关的知识和法律条例。会计职业信息库要包含不同行业的企业信息、相关产品的流程介绍、服务内容、会计岗位描述等。

（二）会计专业学习库

学习资源库为学生提供自主学习素材，主要包括文本资料、图片信息、音频或视频文件、虚拟实训内容、职业资格技能训练，以及来自企业、行业一线的实际案例库，帮助学习者实现学习迁移。

（三）测评资源库

测评资源库主要包括专业知识题库、知识运用测试、职业判断测试、技能操作测试、毕业设计等。测试分别在学习开始前和结束后进行。企业可以根据测评结果选择所需的人才。会计课程组建系统具有学前评估监测系统，学生利用它进行学前分析，教师通过后台评估监测系统准确了解学生的学习情况，根据学情排列课程。会计虚拟教学系统和实训平台是将会计职业场景、岗位设置、岗位任务和操作角色结合起来的 3D 虚拟实训系统，具有仿真性、任务操作性和过程判断性。按照工作流程布置典型操作性任务，实现集职业认知、职业判断、业务处理、实务操作、评价反馈和教学管理于一体的实训教学功能。会计资源管理服务器系统是一种基于互联网的双向资源共享，类似于 MOOC 的教学模式。基于互联网，利用 Web 技术完成专业门户和课程门户定制，用户打开页面进行学习，并通过成果评价得到反馈信息。会计教学资源库最终实现知识共享、资源开放，面向社会服务于全民学习、终身学习。

在会计专业教学资源库建设过程中，要建立长效机制，在论证、立项、建设、评估、验收及维护等环节明确资源库的专业性、实用性要求。具有计算机基础的会计专业人员是教学资源库建设的重要保证。要提高会计专业教学资源库的利用率，就要加快素材的开发与更新，融入现代教育技术，改变会计职业教育的管理方式、教学方式、学习方式及会计专业的建设方式。

四、会计网络教学资源

（一）会计网络教学资源建设的意义

首先，网络教学资源的使用使会计学科专业教学形式和内容得以丰富。网络教学资源的首要特征是丰富性。会计网络教学资源将大量教学资源以网络的形式展现，改变了传统"纸质教案＋多媒体课件"的教学资源匮乏的状况，使学习者可以更多地浏览、观看、下载各种专业教学课件、视频和图文资料，教学形式多样化。另外，网络教学资源及时地将最新的信息以最便捷的途径呈现在使用者面前，使会计专业学生迅速获得最新、最前沿的专业信息资源，使会计专业课堂内容不再局限于已出版的教材，而是将教师和学生的目光转向对界内最新知识和技能的了解和学习，教学内容大大丰富且更具有前瞻性。

其次，会计学科网络教学资源建设和使用使学生学习的自主性得以增强。高等教育的改革目标之一是培养学生自主性学习习惯，即促使学生从"应付学习任务"向"怀有愉快期望主动学习"转变。网络是当前学生最感兴趣的媒介，通过网络教学资源的使用激发学生探究专业知识的欲望，通过网上讨论培养学生思考的习惯，通过形式多样的互动式教学使教师和学生都摆脱了传统的填鸭式课堂教学模式，强化了师生之间的互动，刺激了双方的主观能动性，使学生学习的自主性得以增强。

最后，会计专业网络教学资源的使用使学生的专业技能得以增强。会计是一门应用性很强的学科，单纯的课堂学习仅从理论上解决了专业知识的讲授，对学生实践知识的运用却未能很好地予以指导。网络教学资源的建设可以有针对性地强化学生对会计知识的实践应用，通过"实践指导"模块的丰富和讨论模拟企业实际会计工作环境，增强学生的专业技能。

（二）会计网络教学资源的建设策略

首先，以精品课程为基础丰富网络教学内容，增加多种素材充实"动态"资源。随着高等教育系列实施的"质量工程"改革项目的启动，高校精品课程建设已达到一定的程度和水平。精品课程是集优质师资、高水平教材、先进教学理念和良好教学效果于一体的专业主干课程，最能体现会计学专业核心知识。会计学科网络教学资源建设应以现有的精品课程资源为基础，充实和丰富网络资源的教学内容。同时，为了补充精品课程资源的"静"多"动"少的不足，在会计学科网络教学整体资源库中，应增加更多的专业课程的文本、图形、视频等素材，设置"讨论与互动"模块，充实动态资源。

其次，提高教师信息水平，变"拿来主义"为"拿来思想"。在信息化高速发展的当今社会，会计学科专业教师的信息化水平不仅直接决定了网络教学资源的建设水准，还会影响到网络教学资源的使用效果。因此，有必要通过培训、进修和其他方式的学习，提升专业教师的信息化水平，从而提高网络教学资源建设水准。另外，在网络资源使用过程中，引导教师以现有网络提供教学资源为依据进行特色调整和开发，摒弃"拿来主义"，秉持"拿来思想"，以网络资源为手段提升教学水平和教学能力。

再次，增加互动和在线任务等教学环节设计，注重对学生学习过程的监控。为了发挥学生学习的自主性，建议在会计学科网络资源体系构建中添加形式多样的学生自主学习内容，运用"启发式"和"以问题或案例为切入点"的教学思想和教学方式，设计各种类型的学习任务并控制学生的学习过程。例如，通过发布通知、在线完成作业、在线期中考试、案例讨论、跟帖参与讨论等，对学生的学习进行必要的督促。同时，对于重点知识内容的学习还可以提出更高要求，如没有完成必要的学习任务就不能进行下一阶段的学习或不能完成学习过程等要求，以保证对学生自主学习的监督和控制。

最后，以目标为导向构建会计学科网络教学资源体系，整合现有资源。当前的会计学科网络教学资源比较分散，大多处于教师自建、自管、自用的状态，缺乏整体规划。

因此，网络教学资源建设的首要任务是确定教学目标，以目标为导向构建会计学科网络教学资源体系，将已有的精品课程、网络课程、学科网站等进行理顺和整合，专业主干课重复部分考虑调整和删减，而对于之前缺乏的专业选修课内容逐步进行增加和完善。同时，设置每位教师可根据自身特点和学生特征进行调整的特色模块，保障网络资源的共用和可循环再用。

第四章 高校会计人才培养模式的改革

为满足当前时代对会计人才的需求，会计专业不断发展，会计人才培养的模式也不断发展。本章将具体论述会计发展的新模式、高校会计人才培养模式的要求以及高校会计人才培养模式的改革三方面的内容。

第一节 会计发展的新模式

随着网络的逐渐普及以及信息数据时代的到来，传统意义上的会计发展模式已经在各个方面被社会的发展所淘汰。在当今互联网的时代，信息的快速流动已经成为每个企业发展的关键因素之一。因此，事关企业经营效益的财务部门以及数据信息的流通已经成为企业发展的重中之重。在这种社会背景下会计行业的转型及信息业务的提升就显得很有必要。对财务的管理流程进行规范化操作，以增加其工作效率，加快资金的流通速度，加强对资金以及相关信息的管理，促进财务行业在大数据的时代背景下为企业的数据分析和经营策略的制定提供可靠的依据。只有完善有关云计算、云会计理论的会计信息系统，才能为会计发展模式的转变奠定基础和提供动力，也才能为提供更好的财政服务增加可能性。

一、云会计的概述

（一）云计算的定义及模式

云计算是通过互联网来提供动态易扩展且经常是虚拟化的资源，是以互联网为媒介实现相关服务的一种新的资源提供模式。云计算计划从 2007 年诞生之日起，便以其超快的发展速度霸占了学术界和行业界发展的核心地位。在以信息产业为研究对象的电信专业研究人员看来，云计算是以实现信息商业化为目的、以互联网的形式对信息进行储存、加工处理的一种按使用量付费的模式。云计算是一种前所未有的以虚拟化资源为主题的新兴技术和新兴组织形式，这是美国国际商用机器专家比尔·鲍曼对云计算的看法。在对云服务进行了相关的调研工作以后，日本株式会社三菱综合研究所将云计算定义为：利用互联网的灵活性与自由性为实现数据在虚拟网络的计算提供了可能。

综上所述，我们可以将云计算定义为是一种以互联网为媒介，以为企业服务为宗旨的发展形式。

云计算是互联网发展的附属品，它是一个内容丰富的大型储存器，一旦人们将需要查询的信息输入搜索，它就会通过自己的分析、过滤和计算，立刻提供所需的信息。也就是说，人们可以随时随地在任何一台相关数据设备上根据自己的需求查询所需信息，并不局限于某一固定的设备，从而在减少投入资本、提高工作效率方面具有显著的优势。然而当云计算与大数据相结合时，它的服务模式就会以云计算的储存、技巧及分布式处理等为依据变得相对复杂起来。其具体的应用形式有以下三种。

1. 软件即服务（SaaS）

软件即服务，即服务软件的研发商将产品安装在自己的服务器上，顾客以自我需求为依据提出购买或者租赁申请。这种服务模式中消费者以所需的服务时间、种类的多少来支付费用。其基于灵活、固定的服务形式，得到中小企业的广泛认可，其中以在线会计服务最受欢迎，这种服务形式以本公司所开发的软件并不安装在自己公司，而是投放在相应服务器上为特征。

2. 平台即服务（PaaS）

平台即服务，即开发商以用户的需求为依据，以开发环境和运行平台为媒介，以在此基础上建立的软件为平台向顾客传递自己的软件并提供相应服务的服务模式。这种服务模式因其流动资金少、运行成本低和开发速度快的优势深受企业青睐。

3. 基础设施即服务（LaaS）

基础设施即服务，即以基础设施为媒介提供服务的模式，一般情况下包括服务器、网络、储存及数据中心这几种基本设施。换句话说就是企业首先要为基础设施的建议投入资金，基础设施建成以后在厂商的组建下形成一个向客户提供虚拟资源的"云端"，客户以自我需求为依据查询相关内容并支付费用。该服务模式最大的特点是资金投入多。

（二）云会计的定义及优势

在云计算迅速发展的氛围中，以利用云技术在互联网上构建虚拟会计信息系统，完成企业的会计核算和会计管理等内容的云会计得到了快速的发展，并被社会广泛认可。

在《"云会计"在中小企业会计信息化中的应用》一文中，程平、何雪峰以顺应互联网发展趋势，并以向企业提供网络会计相关信息为主要服务目的来定义云会计。

云会计因国家环境和定义角度的不同而有各种解读。日本对于云会计的解读主要是立足其使用和组建的方法，其曾以以云计算为奠基的会计服务系统或者说是云计算在会计服务业上的应用为论点，来争论云计算与云会计之间的相互联系。以互联网为媒介向社会提供会计服务的商人广泛认可"云会计"的名称，并以这样的角度解读了云会计的定义：安装好的服务器以互联网为媒介向社会各界提供所需的软件服务，并以其提供的服务收取相应回馈的新型服务模式。其中保存这种信息的云服务器是关键因素。云会计服务在网络的普及及计算机技术不断提高的社会背景下，因以下几个优点受到了大多数企业的追捧。

1. 降低投资及运行成本

这一点主要有以下两方面的体现。一是企业并不需要购买整个系统，只要根据自己的需求支付使用费用即可，从而节省了大量资金投入；二是云计算的系统维护与升级由其专业开发人员负责，企业也因此减少了运行成本。

2. 共享云会计信息

共享云会计信息主要体现在以网络和云计算为基础的云会计服务上，因其客户端可以随时随地为需求者提供服务，因此在一定程度上实现了会计查询及使用信息的共享，为顾客随时查看信息提供了相应的保障。

3. 提高财务监控效率

一方面，在云会计的服务网络中，云会计的业务人员与财务人员之间的交流摆脱了时间与空间的约束，从而在提高监护效率、增加有效沟通方面有很大益处。另一方面，服务软件自身具备的监控效能，进一步提升了财务部门的监控能力。

4. 工作效益得以提升

一方面，在云计算的服务下，公司的财务部门可以随时记账、报销，从而为企业高层更全面地评估经营状况、预测风险和规避财政风暴提供了保障。另一方面，云会计实现了各个部门的有效交流和更深合作，从而为财务部门工作效益的提高保驾护航。

云会计在云计算不断巩固的理论与实践基础上得以全速发展。而云会计在财务工作的各个领域都以其独特的优势领先传统意义上的会计工作软件。我们有理由相信在互联网技术不断更新与应用的未来社会，云会计会保持并巩固自身优势，得到财务界更加广泛的认可与使用。

（三）云会计发展面临的挑战

同其他事物一样，云计算给云会计的发展既带来了好的影响，又造成了一定程度的挑战，是一把双刃剑。一方面有利于企业网络信息化、数据化的开展，另一方面其安全问题仍然存在很大的隐患。在大网络时代，云计算的研发者虽然都已设置了较高水平的安全机制，但仍不能保证百分之百的安全性。

对于企业的发展来说，如果财务数据被窃取，肯定会动摇企业的立身发展之本。这种社会背景下，强化云计算的安全性和打消企业对云计算的顾虑，成为云计算发展需首要解决的问题。现在将制约云计算和云会计进一步发展的枷锁总结为以下两点。

1. 安全性存在隐患

在云会计运行体制中，企业的财务数据在互联网上进行交接，网络成为数据的新型载体，伴随着载体的转变，数据流通的确认方式也逐渐多样化。在这种情况下，网络的相对开放性为不法分子作案提供了可能性，精通计算机各类技术的计算机高手或者同行业的竞争者可以制造病毒软件在数据的传输过程中窃取或者擅自修改相关信息，或者企业数据保管人员安全意识欠佳等都有可能为不法之徒提供可乘之机。这些使得云会计的安全保障问题受到了广泛的怀疑。而对于立足于竞争激烈市场的企业来说，企业的核心机密无论以什么样的途径被泄露或者篡改，都会是对企业发展的致命一击。

2. 过分依赖研发者

云会计的运行完全取决于云计算的研发人员。而云会计的服务质量及售后保障仍对企业的财务工作有巨大影响。换句话说，一旦云会计的研发停止或者售后保障人员疲于提供及时有效的技术更新，都会对企业的发展造成不可挽回的损失。

二、在线会计服务

（一）在线会计服务的含义

所谓在线会计服务，是以互联网技术为基础，以云会计运行理念为指导而创建的以互联网为媒介的新型会计服务形式。开发商将财务软件分享在互联网平台上，用户根据自己的实际需要可以随时随地在互联网上获得所需信息，管理财务经济，并支付相应的费用。

（二）在线会计服务的特点

1. 会计业务开放化

在线会计服务通过将软件分享在互联网平台的形式，为所有的消费者提供所需信息服务，企业任何工作人员都有机会接触到企业财务信息，因而具有会计业务开放化的特点。

2. 经济主体对等化

在线会计服务在为会计行业的组织和单位提供服务的时候，二者之间是平等且对等的主体，应该互相尊重，共同进步。

3. 信息资源共享化

在线会计服务除将自己的信息以互联网的形式分享给会计相关工作人员外，也为相关工作人员交流经验、分享知识提供了平台。

4. 会计活动服务化

在线会计服务，是一种与时代发展齐步的网络新型服务形式，它在为企业相关决策人员提供理论知识和管理建议的同时，也为会计运转流程的设计提供参考信息。也就是说在线会计可以通过互联网平台，以他人为中介，为企业提供优质服务。

5. 会计业务高效化

在线会计服务，通过互联网的联系平台，以其方便、快捷、容易操作的特点广受会计工作人员的欢迎。会计工作人员可以在网络上随时做账和查找相关数据，在节约投入资本和时间的基础上，大大提升了会计行业的工作效率。

（三）在线会计的优点

1. 完善的售后服务

在互联网上以租赁的形式获得所需的有关服务及维修售后服务等，并支付一定的租赁费用，这种服务形式使企业减少甚至是消除了大量设备投入的资金和维护善后费用，完全摆脱了传统会计服务耗时、资金成本高、耗力等弊端。

线上会计服务软件的系统维修、更新等都由开发商来负责，因此不但节省了消费者的维修时间，也在最大限度上减少了日常设备、系统维修所需要的资金投入。

2. 随时了解并监督

使用在线会计服务的工作人员只要有计算机便可以随时随地进行记账等相关日常工作，在工作进行的同时可以通过互联网将信息数据实时分享出去。而企业的管理人员通过互联网可以以邮件或者其他形式对公司的财务情况进行监督和了解。

3. 简单的操作方法

与传统财务软件不同，在线会计服务软件不需要正式购买软件，只需在互联网上以租赁的形式使用，且不需要对已购买的软件进行不断的系统升级及与升级相适应的培训，而是在其软件自行完成更新以后，根据软件简洁、明了的用户指导说明，自行进行学习及应用即可。

4. 安全的用户数据

在线会计服务软件克服了以往财务软件可能存在的数据丢失的风险和弊端，不论在技术层面还是在安全保护、法律保障层面都有完美而缜密的设计，从而规避了数据丢失、账号被盗所造成的风险。

5. 广泛的服务对象

在线会计服务可适用的企业范围是从小型代理记账公司到大型上市公司，而其主要服务对象是经济市场为数最多的中小型企业。

（四）在线会计服务的现状

在线会计服务是顺应互联网大数据时代而产生的新兴事物，与其对应的在线会计产品也是市面上不曾出现过的新兴产品，因此在其运行和社会推广进程中难免会遭到质疑或者存在问题。也就是说它本身仍存在一些不足，有待完善。这些不足主要表现在相关法律制度不健全、信息安全保障存在隐患、从业人员缺乏诚信、监督管理体制不规范等方面。然而不可忽略的是虽然在线会计服务的体制尚不完善，但其具有非常广阔的隐形市场有待开发，所以其发展前景是光明的。对于市场份额巨大的中小企业来说，在线会计服务投入使用，在减少企业运转资金、提高企业财务能力和增加企业市场竞争力方面均具有显著作用。随着在线会计服务体制的逐渐完善和市场推广力度的不断增大，在线会计服务的优点得到了社会的广泛认可，在这样的背景下众多软件公司纷纷加入它的行列。下面我们以具体实例进行说明：继金蝶 2007 年开发出友商网之后，不同的软件公司又相继推出伟库网、网上管家婆等网络服务软件。在众多软件公司的加盟及其本身运行机制不断完善的条件下，在线会计服务对象已经从以中小型企业为主，逐渐扩展至大型上市企业。

三、财务共享服务

（一）财务共享服务的定义和发展

经济全球化和互联网信息时代的到来为社会经济及企业的发展提出了重重的挑战，其中主要体现在商业经营形式的转变、管理体制的更新和产业生产链重组等方面。传统会计行业的变革也是遵循时代的主流而逐渐兴起的。而在会计领域的主要表现就是财务共享服务的展开。

财务共享服务遵循财务业务的运转流程，以现代信息技术为依托，从社会需求的立足点出发为广大消费者提供专业的服务，以期达到降低资金投入、规范操作流程、提高工作效率、增加社会价值的目的。

财务共享服务主要有集中化、第一代共享、第二代共享、第三代共享四个发展历程。以下对各个发展阶段做简单阐释。

1. 财务集中化阶段

这一阶段以降低资金投入和提高工作效率为主要目的，将信息和人员的相关信息进行集中处理。但其集中处理的流程及具体操作规范存在争议。

2. 第一代共享阶段

与财务集中化阶段相比，更加节省投入资金是这一阶段的一大亮点。一方面扩大经营规模，另一方面尽量减少不必要的资金投入。同时兼顾人才的选拔与培养，企业的选址和工作的规范化也是这一阶段的主要发展方向。

3. 第二代共享阶段

这一阶段延续了第一代共享阶段节约成本的优点，并在此基础上进一步加强落实，同时针对第一阶段存在的服务质量有待提高等问题进行了调整提高。

4. 第三代共享阶段

这一阶段产生在计算机及网络的社会大背景下，具有前三个阶段都不曾拥有的新功能。例如，财务云的产生为进一步整合分散的信息提供了可能，从而达到了更好聚集财务信息的效果，可以为更广大的分散用户提供所需信息。

（二）财务共享服务理论基础

财务共享服务是来源于共享服务，并以共享服务为主要目的的一种分布式管理模式。而共享服务是罗伯特·冈恩等人针对企业经营管理存在的问题提出的新型管理模式。其关键内容是对企业所需要的有关开发人员和技术资源在一个平台上进行分享。其分享的服务类型不仅包括财务及采购方面的基本内容，还包括法律信息参考、信息共享等多方面的内容。

规模经济理论、竞争优势理论、组织结构扁平化理论、业务流程再造理论、集团管控理论、资源配置理论等是共享服务理论基础所包含的几方面内容。

1. 规模经济理论

在企业生产规模扩大的同时，逐渐降低每个商品生产的固定及综合成本，从而促进生产量的增多和生产效率的提高，以期获得更多的生产利润。而共享服务所发挥的作用就是整合功能相同的部门，开拓新的业务，不断增加企业生产规模，使生产成本得到进一步的控制。

2. 竞争优势理论

处于共同的竞争市场和面对共同的消费人群的两个企业，能在局限的市场竞争中占有更大市场比例并且获得更多利润的企业，必定是具有一定竞争优势的企业。而共享服务就是以形成企业的竞争优势为目的，不断更新管理理念并对相应资源进行整合。

3. 组织结构扁平化理论

这种理论的特点是打破传统公司的管理模式，压缩不必要的中间管理阶层，减少不必要的人员投入，从而构建一种较为直接的管理模式。减少不必要的人员投入有两方面的益处，首先对于领导者来说，有利于管理层更加直接地把握市场动态，并以此为依据时时调整公司政策方向。其次对于基层工作人员来讲，中间管理层的削减有利于整个工作体制的简洁化。而共享服务的工作机制是将分离出来的冗杂工作统一解决，而核心工作由专业技术人员重点解决，即通过集中核心资源与优势技术来提升服务质量。这种组织结构扁平化理论，在降低运转资金、增加市场应变能力、顺应市场发展趋势、减少工作时间、提高工作效率等方面均具有显著优势。

4. 业务流程再造理论

这一理念是美国人迈克尔·哈默最先提出的，他将业务执行或者说是实施过程中烦琐的不必要的程序剔除，并对必要的流程进行新的排列组合，最后依靠计算机现代技术实现再造的终极目标。所以，业务流程的再造其实是对业务流程进行了完全的改革化。业务流程的再造在为共享服务节省成本、提高工作效率的同时，也对企业之间竞争的展开和整体社会价值的提升提供了条件。

5. 集团管控理论

母公司在合适的激励体制下，使各个子公司在积极响应母公司决策方案的前提下，鼓励员工排除万难，为实现母公司的战略意图努力奋斗。而共享服务管理模式，在母公司为子公司提供共享服务的同时，既降低了子公司的运行资金投入，又在一定程度上提高了信息采集与流通的效率和质量，提高了两者之间的知识匹配度。

6.资源配置理论

资源配置理论，即企业将相对稀缺的资源进行合理分配布置，以期用最少的资源收获更多的市场利益。而共享服务的运行机制正好与资源配置的理念相一致，主要体现在共享服务实现了优势稀缺资源的重新集合，在一定程度上提高了资源利用率，同时优势资源的整合有利于企业集中力量做大事，从而赢得更大的市场竞争力。

（三）财务共享的注意事项

财务共享对企业的发展有利也有弊，是一把双刃剑，虽然它是企业财务服务水平和整体效益快速发展的动力，但是初始投资高、回收期长、对原有体制造成冲击等都是财务共享这剂药方的副作用。为了扬长避短，最大限度地发挥财务共享的"正能量"，财务共享实施过程有以下要注意的事项。

1.提高人们的接受程度

加强沟通，提高人们对财务共享平台的接受程度。对于任何一个企业来讲，财务共享服务都是一个新事物，都会对原有的企业经营和管理模式产生一定的冲击力。新事物的发展往往会经历坎坷与磨难，也就是说新事物的发展前途是光明的，而过程却是坎坷的。也正因如此，财务共享服务在其运行初期必然会遭到一部分人的反对。在变革管理理论的持有者看来，任何一项重大变革的初期都会经历这样一个时期，大部分人持观望态度，而支持者与反对者势均力敌，显而易见，变革成功的关键在于使大部分的观望者逐渐接受新事物，并对其持支持的态度。因此，对于要变革管理制度的企业来说，在变革的初期就利用舆论的压力迫使观望者转变态度至关重要。对于员工来说，他们持反对或者观望态度的原因大都是害怕变革的失败影响个人利益，或者是对新事物的不适应感，因此公司在共享服务平台投入运营之前对员工进行有效沟通是更快变革的必然之举。

2.化解对原有企业文化的冲击

财务共享计划使得财务共享中心与公司其他业务部门间的关系由传统的行政等级制转换为业务合作伙伴的关系，冲击企业之前形成的文化。财务共享平台在运行的初始阶段会因为员工的抵制而达不到原有的工作效率。在这种情境下，使工作中的员工保持工作的积极性十分必要。还可以就财务共享中心与业务部门间的服务范围、成本和质量事先签署协议，照章办事，提高财务共享中心的工作效率。

3. 可靠的技术保障

可靠的技术保障必不可少。超强的信息技术支撑是财务共享服务中心正常运转的保障，同时也是解决其运行过程出现有关安全、灵敏度、产出效能等问题的安全技术保障。

4. 财务共享中心的选址

财务共享中心的选址也很关键。办公地址的合理选择是财务共享服务战略正确实施的第一步，也是最关键的一步。是否有利于与外界沟通，沟通费用的高低，是否接近高质量劳动力或者劳动力是否充足，有无国家扶持政策或者相关法律法规，周围环境的好坏，是否接近广大消费人群等，都是选址时需要考虑的因素。

第二节　高校会计人才培养模式的要求

为培养应用型、复合型、创新型的会计人才，各高校应在充分借力"互联网＋"对自身供给侧带来的积极能动性的同时准确把握受"互联网＋"影响的需求侧的要求。从"以教学方式改革为目标，以教学内容改革为基点"的框架出发，将两者有机联系起来，贯穿整个教育教学的始终，真正输出适应现代化经济社会发展的高端型会计人才。

一、输入方式多元化、差异化、特色化

（一）坚持"以学生为中心"的教学理念

以"教师、教材、教室"为中心的传统教学模式，形式单一，课堂授课效果难以适应快速发展的经济社会需求。"互联网＋"时代的到来，使人们的思维方式、体验方式逐渐往小而美上转换，教学需求也同样如此。因此，高校应该适应需求，探索建立"教师引导、学生主导"的参与式教育模式，以"学生的需求、学生的学习、学生的效果"为中心，广泛开展启发式、小班化研讨式、参与式教学和非标准化考试的课程教学范式改革，充分发挥学生的积极性、能动性和创造性。

（二）从"授之以鱼"转向"授之以渔"

互联网时代的经济信息具有爆炸的特征，这也需要高校重新定义会计专业的

教育目标，注重从静态的知识传授向激发学生求知欲望和自主学习能力的养成转变。帮助学生掌握专业基础知识的同时增强其发散思维能力，以期学生进入社会后在面临网络时代每一项新的挑战时，能够快速进行自主学习，掌握先机，立足于社会。

（三）推进信息技术与教育教学深度融合

教育信息化是教育现代化的重要标志，"完善教育信息化，促进教育现代化"是各高校发展战略的重要体现。

首先，各高校应尽快实现教育信息化硬件设施的全覆盖，主要包括智能化教室、微型教室、慕课教室的建设以及网站、软件等移动学习端的开发应用等，为学生提供更加多样化的教学学科平台。

其次，利用"互联网+"技术，建立教师学生交流平台，鼓励学生同教师交流学科问题，研究解决方案，进一步提升学习的效果。

最后，构筑网络资源共享数据库。鼓励高校教育者之间相互交流，以数据库的形式来分享教育心得、学科热点，提高全体财会专业的知识教育和发展水平。

（四）建立科教协同育人机制

科研与教学工作相辅相成，相互促进，缺一不可。教师只有注重科学研究，才能及时洞悉学科的前沿动态，才能在课堂上有针对性地增加教学的深度和广度，提高教学质量，以此来带动学生的创新能力，因此高校应该打通教学与科研成果认定壁垒，大力支持教师进行教学研究的同时进行科研研究，为会计教育提供源源不断的原动力。

二、输入内容时代性、完整性、衔接性

（一）向管理会计教学体系转变

随着互联网时代的到来，会计工作更加注重经济与管理的统一，且由于人工智能的快速发展，财务会计的核算和监督的工作面临着被机器替代的风险，管理会计的重要性由此更加突出，因此高校应立足长远，重视管理会计人才的培育工作。高校需要设置相应的课程体系来应对复杂的市场环境，做学生的指路明灯，帮助学生了解会计环境，了解信息化对会计行业的影响，进一步提高其专业能力。

（二）建立岗证结合的课程体系

会计学作为一门应用性很强的学科，其工作岗位具有一定的排他性，会计人员需要特定岗位从业证书才可以参与实际工作，因此，高校应将岗位证书的培训内容融入日常教学当中，或者建立专门的课程对其进行培训，实现工作与专业课程学习的有机融合，使学生毕业即可胜任相应的工作岗位，不需要耗费精力进行二次培训学习。

三、输出方式应用化、创新化、复合化

（一）搭建多路径的创新创业平台

"大众创业、万众创新"在这个互联网时代更加被重视，创业创新是意识的培养和展现，是一个需要长期不断积累的过程，其前提是建立一个具有创新意识、革新意识的人才培养系统。基于此，各高校应该加大创新创业教育的输出力度，培育真正具有创新意识和创新能力的学子，具体改革方式如下：一是积极营造具有创新意识的校园环境，激发学生的创新意识，高校可定期举办创业大赛、邀请各界人士进行创业讲座、开展企业家交流沙龙等；二是增加创新创业课程的比重，为学子提供良好的创业技能培训；三是建立鼓励机制，对于参与创新创业并取得成果的学生实施资金支持奖励制度，鼓励其进行创新。

（二）提供多渠道的校企实习平台

实践出真知，会计学是一门操作性很强的学科，"互联网＋"时代会计专业人才的培养，更离不开实践教育的推动。高校应该加强与校外各类型单位的交流、沟通和合作，共同建立健全实践环节的人才培养方案，包括专业阶段的理论学习以及实践阶段的技能学习，共同实现产学的有机结合。合作模式可以包括以下几个方面：一是专业共建，各高校根据自己输出人才的目标寻找契合度高的企业进行合作，共建专业机制；二是顶岗实习，高校有针对性地进行人才培育，选取优秀学生到合作单位代岗，可以让学生熟悉操作的一整套流程；三是推荐就业，对于校企合作表现优异的学生，也可以通过线上线下云技术平台精准定位，推荐适合的工作。

第三节　高校会计人才培养模式的改革

一、高校会计人才培养模式改革的基本思路

围绕创新教育的培养目标，在专业知识传授过程中，推行贯通大学阶段并将第一课堂与第二课堂结合起来的创新教育教学模式。即融知识传授与能力培养为一体，融专业培养与创新教育为一体，融复合教育与创新教育为一体，以优化教学过程为着力点，通过实施基于平台能力群的复合型创新创业管理人才培养模式来培养大学生的综合素质与能力。高校会计人才培养模式改革的基本思路如下。

（一）设立能力群课程结构

实施基于平台能力群的课程结构。改变以课程为规划单位的做法，把9个专业培养方案中的所有课程明确划分为33个能力课程群，含通识教育、专业教育、创新创业教育、特色教育、职业教育等五个层次，学生可以根据专业和兴趣选择能力组合，实现个性化培养。这种基于平台能力群的课程结构，一方面加强了学生的基础知识，另一方面给予学生足够的选择空间，为创新人才的培养奠定了学科知识基础。对通识课程，要求大课时，建立题库，教考分离，并将其作为考试课程要求，确保学生学得扎实。

（二）实行新型教学方法

（1）改革传统的课堂教学模式。针对创新型人才的培养，将讲授模式、实践模式、探究模式、自学模式、欣赏模式有机结合，在课堂教学普遍推广案例教学和问题教学，更好地调动学生的学习积极性。

（2）推行任务型教学。传统教学方式以教师讲、学生听和看的信息传播模式为主，学生被动听讲，不利于学生的能力训练。推行任务型教学，教师必须在全部课程教学中采用以要求学生（除耳听眼看外）动脑、动手、动嘴为要素的"三动"任务型教学方法，鼓励学生积极提出问题，并在教师的引导下积极地对问题提出自己的见解，积极引导学生进行讨论，从讨论中锻炼学生的思维、表达和实践能力。

（三）强化教学实践环节

从实践中发现问题，解决问题，在培养方案中注重强化实践环节。例如，在

第一学年暑假要求学生进行顶岗认知实习，并提交实习报告，以系为单位进行答辩验收；第二、第三学年要求学生进行专业实习；第七学期安排学生进行个性化实习；第八学期为毕业实习。这些系统的实践，锻炼了动手能力，为学生的创新意识和创新能力的培养奠定了坚实的实践基础。

（四）培养创新思维能力

（1）鼓励思维的多维性和灵活性。创新型人才的思维应是多维的，在教学过程中，教师不仅要培养学生的顺向思维能力，而且要培养学生的逆向思维、发散思维、收敛思维、形象思维、逻辑思维、辩证思维等多维思维和跨学科思维的能力，从而激发学生的创新思维。

（2）利用数学建模和创业计划大赛推动创业创新气氛的形成和创业创新能力的提升。

二、"互联网 + 会计"人才培养模式

（一）改革的背景与必要性

1. 改革的背景

近年来，以移动互联网作为底层技术驱动的云计算、大数据、人工智能等现代技术的快速发展与普及应用，预示着"互联网 +"时代已经到来。"互联网 +"时代作为世界发展的新趋势，正对我国经济发展及各行各业产生着重大影响，同时也给会计行业发展以及会计专业人才培养带来了崭新的机遇与严峻的挑战。

"互联网 +"时代促进了会计行业的变革和会计职能的变迁，推进了会计工作由传统的财务会计的静态模式向新型的管理会计的动态模式转变，会计的预测、计划、决策、控制、分析、监督等职能更加凸显。"互联网 +"时代，突破了时间、空间的限制，将线下业务逐渐转变为线上业务，可以实现实时记账和财务咨询，为企业提供更多、更高效、更便捷的会计服务，促进会计服务模式的升级，企业会计工作的重心由财务会计转变为管理会计。诸多变化对会计人员的知识结构和胜任能力提出了新的要求，社会迫切需要既通晓会计业务又具备较强信息技术能力的复合型会计人才。

2. 改革的必要性

"互联网 +"时代，以云计算、大数据、人工智能技术为代表的新兴技术正在带来新一轮的科技革命和产业变革，企业的信息化、数字化、智能化程度越来

越高，会计工作已经完全嵌入企业的信息化环境中，其工作模式和工作内容发生了巨大的变化。与此同时，在全球经济一体化背景下，通过横向一体化、纵向一体化和多元化战略实施，企业规模越来越大，经营管理越来越复杂，市场竞争日趋激烈，对会计职能已经不再满足于传统的会计核算，迫切需要会计职能向管理和决策职能转变，并期望财务部门能够为企业的经营管理提供科学的辅助决策支持或直接参与到企业的经营管理活动中去。

"互联网+"时代，企业对高层次应用型会计人才能力需求变化的拉动和云计算、大数据与人工智能技术发展应用对会计人才培养的驱动，对"互联网+会计"高层次应用型人才的培养提出了迫切需求。然而，作为高层次应用型会计人才培养主要途径的高校会计专业教育，其培养院校还存在培养模式过于单一、"互联网+会计"课程体系设置不佳、无法满足社会对"互联网+会计"人才的能力需求等诸多问题。

（二）改革的具体方案

1. 培养目标和培养方向

（1）培养目标定位

随着移动互联网、大数据、云计算、人工智能等新兴技术应用对低端会计核算工作的代替，基于信息技术能力的高层次管理会计人才需求越来越大。

在此背景下的培养目标应定位于基于大数据、云计算、移动互联网、人工智能等技术条件，面向会计职业界，培养具备良好职业道德和法纪观念，系统掌握现代会计学、审计学、财务管理、会计审计税务信息化等领域的知识和技能，具有多变的商业环境和技术环境下的学习能力和战略意识，具备较强的利用大数据和人工智能技术解决实际问题能力的高层次、高素质的"互联网+会计"复合型人才。

培养目标改革的重点是能够熟悉掌握和运用大数据、人工智能等信息技术去解决现代会计、财务、审计及其相关领域的实际问题，构建在"互联网+会计"应用、融合与重构方面的核心竞争力。

（2）培养方向

"互联网+会计"人才培养模式一方面着力培养学生的战略意识和系统思考能力、投融资决策能力、并购估值与整合能力、预算管理与控制能力、绩效管理与评价能力、风险控制与管理能力、信息集成与运用能力、大数据智能分析与辅助决策能力，构建学生在财务信息化方面的核心竞争力。另一方面着力培养学员的职业判断能力、市场开拓能力、管理沟通能力、企业纳税与筹划能力、信息系统审计能力，构建学生在审计信息化方面的核心竞争力。

此外，在大数据及人工智能财务方向着力培养学生在"互联网+"背景下，基于大数据、云会计和人工智能的战略意识与系统思考能力、大数据智能化财务能力、大数据智能化税务风险管理能力、大数据智能化风险控制能力、大数据审计及审计软件开发能力、企业运营管理与商业智能能力，构建学生在大数据采集、处理、分析、利用和人工智能技术应用方面的核心竞争力。

2. 基于 ADDIE 模型的课程教学

在"互联网+会计"课程的教学改革实践中，尽管实施的翻转课堂能够快速进行知识内化，但我们也从中发现了一些不足，比如，课堂上学生创新思维薄弱、难以跟上教学进程、缺乏主动创造性等问题。为了解决这些问题，课程结合基于原型系统的模拟训练，采用了基于 ADDIE 模型的课程教学设计方法。

以"云会计与智能财务共享"课程为例，其 ADDIE 教学设计模型以教学目标和教学问题为首位，突出反映教学活动的全过程，包括分析、设计、开发、实施、评价五个阶段。其中分析、设计是前提需要，开发、实施是核心要素，评价是总结保证，它们相互联系，密不可分。分析阶段主要是学生需求分析、学生特征分析、学习内容分析以及资源条件分析。在了解到需求以及各方面的分析后再确定课程的教学目标，制订教学策略和教学序列等。设计完成后就进入教学设计的核心——开发阶段，依据财务共享的发展、建设流程、运营优化等方面知识讲解与实践进行教学开发准备。然后是教学实施阶段，理论部分是案例讲解与专题汇报，实践部分是进行沙盘模拟训练。最后是对教学设计的每个阶段进行评价，每个部分占不同的权重，根据不同的表现与计分方式统计得分。

3. 基于翻转课堂教学的多元化考核

"互联网+会计"课程普遍采用了基于 ADDIE 的课程教学实施模型，运用了多元化评价方法。多元化的考核评价方式改变了以往传统单一的考试形式，更关注学生的参与水平和合作探究等综合能力。

以"云会计与智能财务共享"课程为例，该课程根据教学目标和教学内容，设计了从翻转课堂（案例分析+个人参与）、财务共享沙盘模拟训练、课程总结与反思三个维度来进行考核评价，其成绩比例分别为 50%、40%、10%。翻转课堂与财务共享沙盘模拟训练评价的成绩由个人分与小组分构成，课程总结与反思部分只有个人分。翻转课堂评价是根据小组案例分析报告与讨论进行评价，课堂上小组的 PPT 展示计入小组分，小组讲授人可追加得分；以个人的形式回答教师问题、提问以及评价其余小组作品计入个人分，可根据问题难度和回答正确度加倍计分。财务共享沙盘模拟训练评价是根据提交的实验报告、小组讨论与作品展示进行评价，实验报告内容包括财务共享中心的建设及各核心业务的流程设计等。最后课程总结与反思应包括对整个课程的心得与对财务共享的学习掌握情况，教师依据个人提交的总结进行评价。考勤方面的分数实行倒扣的方式，占比为10%，事假、病假扣2分，迟到1次扣3分，旷课1次扣10分。

三、"工程＋会计"人才培养模式

（一）改革的背景与必要性

1. 改革的背景

随着国家"一带一路"倡议的实施和交通、电力、水利等行业基础设施工程建设的可持续发展，迫切需要培养大批具有国际视野、创新精神和实践能力的"工程＋会计"复合型高素质专业人才。然而国内许多会计专业人才培养院校的培养方向设置大同小异，课程体系设置千篇一律、同质化现象严重，较少以工程财会作为培养方向，这使得兼具工程和会计专业背景的高层次复合型人才供不应求，难以满足国家"一带一路"倡议的需求。作为深化会计专业教育改革的重要内容之一，为了探索"一带一路"倡议下的会计人才培养改革，国家有关部门于2016年12月正式推动了国际化工程财会人才培养模式改革，并委托长沙理工大学经济与管理学院进行改革实践。

2. 改革的必要性

本改革实践的必要性在于，高校会计专业教育是培养高层次、高素质、应用型会计专门人才的教育项目，具有特定的职业指向性，注重理论联系实际，强调培养学生分析和解决实际问题的能力。境外工程基础设施建设涉及国际项目投融资决策与风险管理、国际项目招投标、国际财务管理、内部控制等专业领域，这要求会计人员不但具有国际化视野，而且应该是工程会计方面的复合型、应用型、高素质人才。传统会计人才培养模式的单一化，课程体系设置的同质化，不利于高层次人才的分类培养，难以满足国家对应用型高层次人才的需求。"工程＋会计"人才培养模式的优势与特色就是依托学校行业特色优势，服务国家战略需求，培养"工程＋会计"的复合型、创新型、应用型会计专门人才，从而满足国家战略对应用型高层次人才的需求。

（二）改革的具体方案

1.改革目标

主要内容：通过国际化工程财会人才培养模式改革，全面提高高校会计专业教育的竞争力和社会影响力，使学校成为培养熟悉国内外会计准则，具备工程项目管理和财务分析决策能力，具有国际视野、实践能力、社会责任和创新精神的高层次财会人才的重要培养基地；打造具有较高知名度和卓越品牌影响力的中国会计专业教育综合改革示范培养高校；建立校企全面合作的办学模式，构建适应社会经济和行业发展需要的国际化工程会计人才培养课程体系，建设"国际化＋工程化"的复合型师资队伍，创建校企合作实践教学平台和国际交流合作平台；形成相关培养院校依托自身办学特色和优势、服务国家战略需求定位，具有可借鉴性的会计专业人才培养模式。

2.改革内容

（1）培养过程改革

培养过程改革主要体现在培养目标的定位、培养方向的设置、课程体系设置、课程设计、教学方式改革、案例研究与论文写作以及实习实践模式等。"工程＋会计"的培养目标是：培养具有从事高层次财务会计工作所必备的国际视野、战略意识和领导潜质，熟练掌握和运用一门外语，能适应各类企业、事业单位、政府部门及国际工程项目领域的应用型、复合型高层次会计专门人才。

（2）课程体系改革

课程体系突出国际工程财会特色，必修课程由专业基础课程、国际工程财会课程和国际商务课程三大模块组成。课程体系改革既保留了会计专业基础，又体现了"国际化＋工程化"的鲜明特色，同时适应大数据时代、复合型会计人才培养的需求，对培养方案进行修订完善。

（3）课程改革

课程改革的重点在于积累丰富的工程财会教学资源，包括编写出版反映行业特点的"工程财会"系列教材用于特色课程教学，编写面向工程财会的教学案例，专任教师在工程财会领域有丰富的实践经验和教学资源。

（4）实习实践模式改革

实习实践模式改革主要是建立一批校企联合培养基地，聘请校外合作导师。可以聘请在交通、电力行业涌现出的杰出校友为校外实践导师，对学生进行实务指导。

（5）师资队伍建设改革

组建由专业任课教师、校内导师和校外实践导师组成的国际工程财会人才培养师资团队，专业任课教师和校内导师要求具备国际化或工程实践经验。从行业企业单位聘请海外工程实践经验丰富的财会部门负责人、项目经理担任校外导师。同时建立良好的校内外导师合作交流机制。

（6）国际合作交流机制改革

采用"引进来"和"走出去"相结合，加强国际交流与合作。一方面，从国（境）外引进高层次会计人才，开设具有国际水准的会计专业教育课程，提高教师的国际化水平。另一方面，为支持国际化交流，出台政策对会计专业学生国（境）外短期访学和参加国际学术会议进行专项资助，并与国（境）外高校签订互访研修合作协议，选派会计专业学生到合作高校进行访学。

3. 构建国际化＋工程化的课程体系

构建突出国际工程财会特色的课程体系，必修课程由专业基础课程、国际工程财会课程和素质拓展课程三大模块组成。其中，专业基础课程模块包括财务会计理论与实务、财务管理理论与实务、审计理论与实务、管理会计理论与实务等；国际工程财会课程模块包括国际工程财务会计理论与实务、国际工程项目管理、工程经济学、国际工程财会专业英语、国际商法、国际商务与谈判等。该课程体系既保留了会计专业的基础课程，又体现了会计学专业"国际化＋工程化"的鲜明特色。其中，"国际工程财务会计理论与实务"通过采用专题讲解和案例分析与讨论的形式，使学生掌握工程财会各有关专题的基本理论与方法，包括工程项目财务核算的基本流程、工程企业资金管理的要点、海外工程项目管控的要点、财务共享带给企业的巨大变革、工程企业提质增效所面临的巨大挑战及关键应对措施，从而提升自身的国际视野和实践能力。"国际工程项目管理"以项目获取—项目实施—项目竣工为主线，介绍国际工程项目的基本概念，分别对国际工程项目招投标、国际工程项目组织与项目范围、国际工程项目进度管理、国际工程项目费用管理、国际工程项目质量管理、国际工程项目风险管理、国际工程合同管理等内容进行讨论和讲解。"工程经济学"介绍了工程项目投资与融资的基本理论与方法，包括工程项目投资经济评价的方法与发展趋势，工程项目融资的概念、特征、常见模式、创新实践和发展趋势，项目融资方式如何影响项目的经济绩效和投资决策，以及工程项目投融资风险的防控，使学生能够运用所学知识对工程项目投资进行较为准确的评价，能够根据工程项目所面临的社会经济环境为项目设计合适的融资方案。"国际工程财会专业英语"系统介绍国际工程项目财会所涉及的投资估算，财务评价，国民经济评价，融资方案，国际工程市场，FIDIC 招标、投标程序，合同各方（雇主、承包商与工程师），合同类型等内容，并加入了工程实例材料、合同样本和通讯信函等，以此适应大数据时代、复合型会计人才培养的需求。

四、"校企协同创新"人才培养模式

（一）改革的背景

为提高办学水平，打造标杆培养单位和突出培养特色，国家有关部门自 2015 年开始在全国对有较好办学基础和一定办学年限的会计硕士培养院校启动综合改革试点工作，首批试点培养单位类型多样（有综合性大学、财经类大学、理工类大学、外国语大学以及地方性大学），办学特色各异，各培养单位都在结合自身办学条件和优势的情况下进行了深入探索。

（二）改革的目标与思路

1. 改革的目标

在发挥自身优势的前提下，应对大智移云新技术挑战，在会计专业教育全过程中实现校企深度协同培养，进一步提高会计人才培养质量，提高学生国际化水平和解决问题的能力，为会计专业教育和会计专业学生创新实践能力的培养模式改革贡献智慧，提供可复制和推广的经验。

2. 改革的思路

具体的思路如下：首先是创新网络和平台的建设。推动"校企协同创新"，关键在于创建完善的创新网络及平台，促进知识与资本、职业能力与产业、成果与市场的高效对接、深度合作。学院以创新和实践能力培养为中心，在会计专业人才培养的各个环节配置创新和实践主体资源，比如实践基地建设、实习生计划、横向合作研究、校外导师、合作课程研发、案例大赛合作等，最终形成较为完善的创新网络和平台。

其次是高度重视"校企协同创新"的机制和制度建设。"校企协同创新"往往存在"一头热"的问题，企业和学院在参与协同创新上的定位、资源、能力、发展目标上可能存在差异，如何把"校企协同创新"纳入各自的组织管理和发展规划中，在资源整合、优势互补的基础上深度合作，必须要依靠机制的创新。学院在协同创新的机制方面，在教师考核机制、学生学业评优机制和组织管理机制方面做了大量的探索和具体工作，奠定了坚实的"校企协同创新"基础。

总之，"校企协同创新"人才培养模式改革既符合国家推进会计教育改革的大方向，又契合就业市场对于会计人才实践能力的需求，也与学校会计人才的定位及过往经验积累高度匹配。在国家有关部门的指导和支持下，将进一步深化和完善"校企协同创新"人才培养模式，促进改革任务圆满完成。

（三）改革的具体方案

1. 深化和相关单位合作，壮大协同培养网络平台

紧密围绕试点改革目标和培养具有国际视野的管理型高级会计人才的使命，不断壮大协同培养网络，充实协同培养内容，优化协同培养方式。根据合作单位特点，由会计学院牵头，整合学校（学院）、企事业单位、政府部门和国际会计职业工会等优势资源，扩大"校企协同创新"育人网络。以"全过程深度协同"为目标，在实习实践、授课和讲座、论文选题和指导、课题合作、案例大赛支持、合作案例开发、师资培训、课程建设等多方面、多层次开展合作，共同参与到会计人才培养的各个环节中去，有效提高会计人才的培养质量。

2. 校企深度协同合作，实习实践效果突出

充分利用"校企协同创新"实习实践基地，深入发展与企业的合作。配合企业安排及时间要求，定期输送学生去上述基地实习实践，保证基地的利用率。同时，要对学生在上述基地进行实习实践时严格规定，要求学生进行集中实习实践的时长不少于3个月，在实习前提交实习计划，实习结束后提交实习鉴定、实习报告，通过项目与基地配合对学生进行跟踪服务反馈、校内和基地合作导师综合进行专业评价的方式，真正发挥实习实践的作用。

3. 依托合作单位，全过程深度协同培养

根据"资源共享、优势互补、合作双赢"的原则，积极开展"校企协同创新"合作，制定相关规章制度，为协同创新的顺利进行和长远发展提供坚实的制度保障。通过与"校企协同创新"企事业单位共同制订、优化人才培养方案，建立企业管理实践和成果走进课堂的合作机制，形成"学术—实践—教学"的协同发展模式，努力探索实现全过程深度协同培养。具体做法如下。

（1）实务专家走进课堂，和校内导师联合授课

结合"校企协同创新"企业专家的实践专长，开设实务专家参与实际授课的课程，采用理论讲解与案例教学、校内导师与实务专家"双结合"的授课方式，使学生对课程的核心知识点有更深入的理解和掌握，取得较好的授课效果。

（2）专家讲座、参与论文答辩、论文选题和写作指导

要始终坚持教学、实践和学科的良性互动，通过学术和实践专题讲座相结合，校外"校企协同创新"专家指导与毕业论文选题、设计与答辩相结合等形式，拓宽学生论文选题范围，提高选题针对性，优化选题设计，以进一步提高论文质量。活动的开展构建了学术、实践和教学的互通桥梁，实现对会计专业学生职业能力和创新能力的立体培养目标。

（3）依托协同网络合作导师，优化论文选题，指导论文写作

毕业论文是会计专业人才培养质量的最终检验，也是培养环节的最后关口。通过安排学生到实习实践基地实习，落实实习实践基地引领学生职业规划和创业实践的政策；通过实习实践基地高级管理人员兼任指导老师指导学生，从实习实践基地的实际业务活动中提取论文选题的素材；通过和协同网络的合作导师开展论文开题和论文撰写的讨论交流，学生可以将理论学习、实践探索以及现实问题的解决融合在一起，从而提高会计理论与实践相结合的能力。

（4）校企协同深度信任合作，联合研发课题

学院教师在日常教学和科研中，也紧密联系协同企业的实践发展与需求，不仅在教学中融入各种类型的案例讨论和深度分析，并针对企业存在的相关问题，相关有建设性的解决方案。

第五章 我国会计人才培养保障与职业展望

会计人才培养模式的改革势必会造就一批高素质的会计人才，那么必须要有针对会计人才培养的保障体系，确保会计这一职业未来的发展。本章将围绕卓越会计人才培养的保障体系、我国会计职业能力框架以及我国会计职业发展前景展望展开论述。

第一节 卓越会计人才培养的保障体系

我国实行卓越型会计人才培养计划的目的就是培养出一批有知识、有能力、高素质的会计人才，在今后竞争激烈的国际经济环境中，能够自如地处理各种实际问题，能在职场中随机应变，综合运用自己学到的理论知识和实践技能，满足国际化的需求，在我国的经济发展中贡献出会计人的一分力量。

对于培养卓越会计人才这一问题需要各层面社会主体发挥各自的作用。会计人才培养机制仍须健全，会计人才培养渠道仍须拓展，各种会计人才培养主体的积极性和能动性未能充分发挥。要不断深化会计人才培养，逐步形成以政府为主导、高校为主体，行业协会为辅助的卓越会计人才的培养体系，为卓越会计人才培养提供保障。

一、政府部门充分发挥主导作用

政府在卓越会计人才培养的整个过程中要发挥组织、协调、指导作用，主要从政策法规、环境支持、激励措施和完善评价四方面对其进行协调和指导。

（一）加强政策支持

当代中国，政府在许多方面都是主导力量，企业作为市场主体，自然也受到政府的指导。国家应加大在卓越会计人才培养方面的投入力度，确保卓越会计人才培养的顺利实施，通过税收、贴息等相关优惠政策激励和指引社会、单位以及个人投资培养开发国际化会计人才。

建立在政府引导下以企业为主体、市场为导向、多种方式的产学研战略联盟，通过共同建设卓越会计人才培养平台，实施重大人才培养方案，开展合作教育，培养更多高层次、复合型国际化卓越会计人才，同时实施研究生教育向国际化方向发展，建立高等学府、科研院所以及企业内高层次人才之间的双向交流制度，推行产学研联合的"双导师制"来培养研究生，为国际及国内会计领域输送高素质的专业人才。实践"人才＋项目"的培养形式，以国家重大人才计划以及重大科学研究、产业攻关、工程、国际协作等项目为依托，将企业的作用落实，在实践中汇聚和培养具备国际视野的卓越会计专业人才。引导会计专业人才在地域间流动，进行交流与合作；学习国外先进的人才培养模式，使会计人才具有国际视野及国际竞争力，使其在激烈的国际竞争中仍可保持优势，为会计人才的国际化发展开辟新道路。完备人才市场，专门化管理各级人才市场对人才的类别和层次，切实掌握国际化人才的动向，为我国服务；大力发展猎头公司，加强海外人才市场的运作，为我国企业寻找国际化人才。

在保证会计人才国际化培养的进程中，政府部门不仅要提供经济政策方面的支持，还要建立健全一套完善的国际性证书认证体系，积极推动会计人才培养的国际进程。比如，建立起国际认证的 ACCA 的培训与认证体系，鼓励会计专业人员考取这些资格证书，从而使会计人才培养的国际化进程进一步发展。现如今中国高等教育国际化水平尚处于与国际接轨的初始阶段，高层次人才外流现象十分严重，因此，国家亟待解决的问题是通过制定合理的人才政策、创办一流的大学来吸引人才。因此，应加强本土教育的国际化，采取引进专家、联合办学等多种方式来促进我国高等教育在国际上的交流与合作，从而使会计专业人才的国际视野得以提高。

（二）完善环境条件

良好的学术环境是建立、激发会计人才快速成长机制的基础，采取高效、系统、合理的措施改善我国的学术环境刻不容缓。可以通过举办国际学术会议，在与国际学者有效交流的同时，逐渐提高每次会议的层次，使会议及其成果在学术界与教育界产生重大的影响力，从而提高我国高等教育水平与教学管理水平。良好的工作及生活环境、人际环境、学术环境等可以激发会计人才的工作热情，这样更能形成一个良好的循环机制，有助于我国建立更完善的优秀人才成长机制，进而提高学术的影响力与发展潜力。

我国人才发展规划纲要指出，要实行"引进来"和"走出去"的人才战略。这一原则在卓越会计人才的培养上也同样要遵循，以此来营造一个更为开放的环境，推动优秀人才在国际的流动。"引进来"主要吸收国外先进的从业人员来华工作或留学，以及高层次留学生回国工作或用其他方式为我国服务，这就需要我国制定一系列特殊政策和措施，如完善出入境政策、长期居留安置、解决子女上学问题、税收、保险、担任领导职务、予以重大科技项目、参加国家标准的制定、政府嘉奖等多个方面，此外还应制定海外高层次人才的特聘制度，使卓越会计人才的培养提升到一定的高度。

"走出去"要推动公派出国留学规模的扩大，完善会计人才出境培训的管理，从而使境外教育资源进一步优化；建立联合人才培养基地，促进高等院校与海外高水平教育及科研机构合作，发展我国企业在海外建立人才培养机构；支持并推荐优异的会计人才去国际组织任职，扶持国际会计人才中介机构的发展，并推进会计职业资格在国家、地区间的相互认证。同时，要形成正确的人才国际化观念。我国以往的传统用人方式在人才创新能力等方面有太多的制约条件，所以给人才创造一个宽松的发展空间和条件是极为重要的。坚持以人为本，爱惜人才，真正鼓励其全身心投入工作，勇于尝试进取，这样才能发挥其潜力，并在人才国际化的同时促使社会经济发展向国际化迈进。

（三）建立激励机制

我国应采取相关的激励措施来实现我国国际化会计教育事业的重大突破，促进会计事业得到整体发展。应对在会计教育中做出卓越贡献的单位和教育工作者进行褒奖，如在 2002 年设立"杨纪琬奖学金"来纪念推动我国高级会计人才进步的新中国会计制度的奠基人之一杨纪琬教授。此外，还应为我国高等学校或者科研单位在会计专业任职和学习的专业人员分别设立指导教师奖、学术奖和优秀学位论文奖三个奖项。

为了扭转目前考核过于集中、量化程度较大的倾向，并完善教学评价及奖励的模式，在采取相应措施的同时也要注意以下几点。第一，不应仅注重对基础课题的研究，还应深度探索专业前沿问题、社会公益类课题等方面。第二，应建立相应绩效综合评价制度，加强对科研机构的资金投入。第三，在实现会计教育事业蓬勃发展的过程中，应持续给予高水平科研团队以支持，并关注科研关键岗位和优秀人才。

（四）完善评价工作

国家教委组织对于高等院校教学评价的工作意义是非常重大的，它是提高会计教学质量和效率较为科学且有效的手段，对卓越会计人才培养起到重要的推动作用。

教学评价工作具有以下四个功能。第一，鉴定功能。评估及鉴定高校的教学工作，考评其各项工作是否真正以教学为中心。第二，诊断功能。通过详备的教学评价来发现高校在教学中是否存在诸如课程设置不当、教材建设不精、教学方法与手段不适、实践教学不实等问题。第三，调控功能。政府应当对高校的办学思想、教学工作、学校秩序进行调控，以增强其办学能力。第四，激励功能。适当对高校在评估教学水平方面施压，以促进其教学能力提升，并有效完成会计人才的培养。

高质量的教学是社会的需要，且对高校来说也是必需的，政府的教学评价要做到对教学实践活动的科学规范，并以其强大的凝聚力及激励作用，推动会计教育的健康发展。

二、高校充分发挥主体作用

潘懋元先生在谈论大学的三大职能的关系时曾说过："高等学校三个职能的产生与发展是有规律性的。先有培养人才，再有发展科学，然后直接为社会服务。"高校应该将培养人才作为核心来进行教学、科研及社会服务等工作，进而保证教学水平和质量达到国家所规定的标准。在培养卓越会计人才的过程中，高校作为主要渠道应充分发挥其主体作用，承担其重要责任，为国内外输送高质量的国际化会计人才。

（一）完善高校内部治理机制

在我国高校教育体制的改革中，其目标是建设现代大学体制，即结合政府、学校双方进行管理，面向社会，并依法进行自主办学的体制，所以要处理好：控制与自治的相互关系，在政府宏观控制与学校自治的同时与社会保持高度的联系；自主权程序性与实质性的关系，明确高等学校权力的分配及行使问题；自主权的层次性，不同国家高等教育内部在办学自主权上存在着层次差异，这与其教学水平层次相关。

1.建立健全高校章程

高校对一个学校办学及发展目标、主要任务等方面都有着明确的规定，其作用相当于高校"宪法"，然而在我国只有中国政法大学、吉林大学等个别学校制定过。教育部于2010年12月16日发布推动高校章程建设，将在以北京大学为首的26所部属高校建立健全章程，如《北京大学章程》将明确学校使命、学生培养方向等一系列根本性问题。

高校章程是大学的行政规章，但多数高校、政府单位、司法机关、社会机构及受教育者忽略了其本身具有的法律效力，致使章程闲置的情况普遍存在，制定程序也广受质疑，但实际上，高校章程的法律效力是不仅仅局限于大学管理的，同时也对学校在与政府、社会权责关系的处理上起着重要的作用。高校章程必须通过立法程序来制定才能成为大学的最高宪章，其制定程序要由高校相关行政部门、党代会或者教代会以及主管部门分别进行起草、审议及审批。我国教育体制改革小组应当依循教育规划纲要所规定的整改思路，高度重视并科学系统地推进大学章程的制定及试点工作。这是教育系统内部、社会公众乃至人大机构都应积极参与到其中的。

2. 人事管理制度改革

随着我国高等教育体系层次的不断提高，各地政府对高等学校人事制度改革的重视程度也逐渐提高，目前已经合理制定了适应我国现在市场经济体制和适合高等教育事业进一步发展的高等院校的人事管理制度。推进人事制度的改革，我们应该秉持着平等、公开、择优的原则健全内部竞争制度，根据学校实际情况选择优秀人才进行任用。另外，我们应该设置相关监督机构及争议调解机构来解决人事制度在改革时所出现的在职人员聘任及分配、绩效考评等过程中的相关争议。

3. 设立研究所机构

当前我国经济飞速发展，高校的学术水平及人才培养的质量也随之大幅提升，研究生教育逐渐扩大，故而原有的单一的教研形式，即"院—系—教研室"已不能满足现在对于人才的高水平要求，且不能继续满足高校的办学要求。针对以上问题，建议设立会计研究所机构，进行专门的学术研究，以此更好地服务社会。研究所机构与原有的教研室相比，最大的特征就在于能够实现会计专业本硕教育相结合、教学与科研相结合。会计研究所一般按其学科设置，分设成为若干个会计专业课题组或是研究室，其设立条件包括有明确科研领域和方向、合理结构以及充足数量的会计专业在职研究人员，构成结构相对稳定合理的会计专业研究队伍，并有能力研究省部级以上科研项目。所以，建立会计研究所机构是建设研究型大学以及完善现代大学制度的客观要求。

4. 完善高校内部审计制度

当今内部审计机构的重要作用不仅仅体现在现代企业中，同样体现在高等院校中。现代高等院校应采纳上市公司的治理模式，将内部审计机构在其治理过程中所处的位置及应尽的职责进行明确界定，内部审计工作的业务内容诸如内审工作计划、业务范围等内容可以由校长负责，行政内容诸如内审人员配置、选拔以及再教育等内容可以由党委书记负责。此外，业务上的职责可由监察部门管理，行政上的职责可由纪委管理。

（二）举办国际会议并引进外籍教师

为使高校的教师及学生了解当今世界的前沿学术和实务的理论及方法，学校应以自身为依托，邀请其他国家优秀专家学者进行不同的研究内容及方法方面的演讲或来校参加国际学术及重要问题的研讨会。另外，调整高校师资的结构和比例，大力引进高水平外籍教师，从而在思想文化、价值观念等方面对学生进行发散思维的教育。

（三）及时进行教学评价

与其他评价体系不同，教学评价是一种非静态的，具有严格流程的评判过程，它具备一套专属的评价指标与标准。教学评价的实施首先要进行准确的教学测量，然后通过一定的方式搜集有关的资料并进行价值判断，以此来实现准确有效的评价。同时，教学评价具有多种功能，具体包括以下四个方面。

1. 检测功能

教学评价结果应该具有客观性、可验证性，其依据是测定的结果。通过对测定结果的分析与研究，并采用观察、考试等多种途径制订一套合理完整的教学计划，选择适合当代学生发展的教学内容，正确选取授课所需教材，挖掘出高效的教学方式，为评价与检验教师的教学效果和学生的学习成果提供客观依据。

2. 诊断功能

诊断功能的效用主要体现在三个方面，即学校的角度、教师的角度与学生的角度。虽然诊断功能对三个角度的具体作用不同，但是其本质都是使主体及时发现自身与非自身的问题，进行自我监督与他人监督，反省并积极改进。

3. 导向功能

导向功能是教学评价的核心功能，教学评价的实施对教学活动产生积极的推动力，促使教学者对学生进行全面的培养并及时改进学生学习状况，扩大学生未来的发展空间，同时达到评价学生学习成果的目的。

4. 研究功能

作为教育教学研究的重要组成部分，教学评价体系伴随着教育行业的发展需要进行不断的完善，对于不同的评价对象，教学评价的方法与手段也需要进行实时改进，因此，教学评价是一个科学探讨的过程，其在很大程度上促进了教育教学改革与科学研究的进一步开展。

教学评价的意义在于让学生对自身的情况有横向和纵向的综合比较，在全面了解自身情况的同时可以清晰地意识到自己与外界客观要求的差距，激发学生的学习热情，明确他们的发展方向。

（四）及时发现问题并改进

在培养高级会计人才的过程中，要培养主体承担责任，同时还要明确人才培养中存在的问题并给予积极的改正措施，为会计人才的国际化培养能够高质量推行提供强有力的保障。

会计工作具有很强的实践性，要求会计专业的学生具有较强的动手能力，而从目前会计毕业生的现状来看，他们在一定程度上还存在动手能力不足的问题。相关调查结果表明，目前我国会计毕业生的专业素质状况与会计职业素质需求之间存在着差距，其中职业判断能力和职业技能方面差距较为显著。这一现状与目前高校会计专业的实践环节的教学不够到位、安排不甚合理有很大的关系，问题集中体现在会计教师实践经验、校内实验课效果和毕业实习工作三个方面。研究分析这些问题，重视会计专业学生的职业技能和职业判断能力的培养，有助于为社会输送合格的会计人才。

1. 增加会计教师实践经验

教师有无实践经验、实践经验是否丰富、是否熟悉当前会计职业岗位的工作细节和流程，这直接关系到学生对会计实践知识的理解和掌握程度。从目前的情况看，部分会计教师自身还缺乏会计实践经验。造成这种状况的原因是：一方面不少教师出了校门就走上了讲台，他们有较高的学历却缺少从业经验；另一方面，由于会计学科需要适应不断发展的社会经济变化，其自身的发展变化很快，比如会计制度不断修改和添加，会计工作的实际操作也不断地发生变化，而我们有些教师长年从事会计理论教学工作，实践知识得不到及时更新，那么他们的实践经验就跟不上客观现实的发展。

增加教师实践经验可以从以下几个方面入手。其一，学校可以从企业或会计师事务所等机构聘请财务总监、注册会计师、注册资产评估师担任客座教授，请他们到学校对教师进行培训，让他们提供社会实践中真实的业务案例，以提高教师的操作能力和分析问题、解决问题的能力。其二，定期组织教师外出实践。由学校创造条件让会计教师经常到第一线去发现问题、分析研究问题和解决问题，从而让教师积累实践经验。还可以鼓励教师在外兼职，比如，与企业或会计师事务所协商使教师能参加实践或兼职。通过兼职，教师可以将理论和实际相结合，提高实践动手能力。其三，有条件的学校，应该建立教师实践基地。教师实践基地的建设是相当重要的，通过教师实践基地的建立，学校可以与实践单位互惠互利，建立密切的合作关系；同时可以让教师参加社会实践。

2. 提高校内实验课效果

校内实验课的模拟实验是提高学生综合实践能力的重要途径，但是，目前一些学校的校内实验课的模拟实验还存在一些问题，与社会实践还有较大差距。比如，在新会计准则下的账务处理中，会计人员需要具有更强的职业判断能力，如应收账款是否采用稳健原则、是否计提坏账准备、固定资产折旧方法的确定等，而有的学校实验课提供的实验项目提及企业部门设置、凭证的传递流程、财会部门各岗位设置，以及需要做出职业判断的实验项目不够或者欠缺。这样，学生在如何监督经济业务、如何进行职业判断、如何进行成本分析、财务分析和决策等方面的实践能力往往不足。因而，会计实验项目应该不断完善，可以设计为专业训练、手工会计核算、会计电算化系统和会计综合实训四个方面的内容。专业训练侧重岗位基础知识及业务技能的培训；手工会计核算对会计的全过程进行全面系统的模拟操作，达到会计实际工作的规范要求；会计电算化系统利用电子计算机代替手工，对会计数据进行记录、计算、分类整理储存、报告和会计信息分析、预测和决策；会计综合实训则仿真模拟某一集团企业一段时期的完整资料（包括该虚拟企业有哪些子公司，子公司属于哪些行业，该虚拟企业的基本情况、组织机构设置、各部门职能、产品生产类型、凭证传递流程、内部控制制度、各会计岗位职责、各账户期初余额、原始凭证等）进行模拟训练。以上四个方面的内容尤其应该加强会计综合实训方面的训练内容，以培养学生的财务分析、财务预测和财务决策能力。

另外，不少学校目前的实验项目基本上局限在会计核算上，而与之紧密相关的财务管理、管理会计以及税收、金融等方面的实验内容还有待完善。而从发展的趋势看，会计学科与其他经济管理学科的交叉融合将是必然方向，因此，会计专业实验教学内容也应该向其他经济管理学科交叉融合的方向发展。基于此，学校可以将会计、财务管理、管理会计、企业管理、商务策划，以及税收、金融等方面的知识融合起来，形成新的综合性实验课程。学生通过实训，可以在实验过程中运用所学的会计、财务管理、企业管理、市场营销、税收、金融等各方面知识，提高分析问题和解决问题的能力。

3.强化毕业实习工作

如上所述，在校内实验课上，学生可以进行会计业务操作观摩和模拟实习，掌握基本会计技能和主要经济业务的账务处理方法。但是，校内实验课毕竟与复杂多变的单位实际会计环境还有相当大的差别，所以，按照会计专业课的内容和要求，一般在会计专业课的课堂学习结束后，按照会计实习的要求，学校要组织学生深入企业和有关部门进行会计工作的实习。通过实习，学生一方面可以了解和熟悉企业和单位所处的环境和实际工作情况；另一方面可以对生产经营过程的经济业务进行会计处理，可以在实际工作中提高会计实践能力。因此，毕业实习这个实践环节对于提高学生进行会计判断、成本分析、财务分析和审计等综合素质和能力，是非常重要的，是校内实验课环节难以替代的。然而，近年来，毕业实习这个重要的实践环节被极大程度地弱化了。这种弱化的原因主要有两点：一是毕业实习与求职时间发生矛盾，学生的毕业实习一般正是毕业生求职的高峰时间，对学生自身而言，实习与求职比较，后者更加重要，加之近年来大学生的就业越来越困难，学生用于求职的时间越来越多，系统有效的实习很难做到。二是一些学校采取由学生自己寻找实习单位实习的做法，这种放任自流的方式导致学校弱化了对实习过程和内容的指导与控制，对毕业实习缺乏有效的质量控制。

要改变这种状况，一是必须建立校外实习基地，建立与会计实践环节相适应的企业实习基地，或根据实习内容选择实习单位。这样才能有效地组织校外会计实习，使学生可以定期到企业的财务会计及其他业务部门实习，使学生们能身临其境，接触企业的实际业务。二是要加强实习过程的管理与控制。一些学校在校外毕业实习过程中要求学生写实习日志，并要求每周通过电话、电子邮件等方式向责任老师汇报实习情况，责任老师必须主动和实习单位联系，随时了解掌握学生在实习单位的实习情况。一些学校重视实习后的评价工作，实习结束后要求每位学生提交实习单位出具的接收函实习鉴定和所撰写的实习计划、实习日志和实习报告。有的学校还组织实习答辩，实习答辩是审查实习过程的一种补充形式，为保证实习质量奠定了基础。这些做法都值得借鉴。

三、行业协会发挥应有职能

随着会计行业的发展，行业协会对整个会计行业的影响越来越显著，并且在国际化卓越会计人才培养的进程中也起到越来越重要的作用。因此，行业协会在各个方面应起到正向的引导作用，积极地推动国际化卓越会计人才的培养进程。值得一提的是，截至目前，行业协会在提高从业人员专业素质与执业水平等方面都取得了显著成效，但同时应该清楚地意识到我国会计行业队伍的专业素质水平等与国际水平相比仍存在较大差距，为适应国际化会计行业发展的新趋势，行业协会应充分发挥其职能，具体表现在以下三个方面。

第一，行业协会应充分发挥行业管理工作与行业培训制度的推动作用。行业协会要合理规划行业培训工作，及时调整培训制度，在加强课程开发、教材编写与师资队伍建设的同时，也要注重对行业内高级人才专业素质与执业水平的培养。

第二，行业协会应充分发挥行业培训的支柱作用。通过各种合理途径掌握区域内全部会员的专业素质、职业道德及执业水平，并在此基础上加强行业继续教育培训教材的开发与培训内容及手段的创新。要长期与当地高校合作，成立高层次师资队伍，达到提高继续教育培训水平的目的。

第三，行业协会应积极发挥行业培训的基础作用。行业协会要充分利用自身的培训能力与渠道，通过多种方式和手段，如案例分析、知识讲座、学习论坛等调动从业人员的主观能动性和积极性。

第二节　我国会计职业能力框架

一、会计职业能力要素分析

会计人员要成为富有能力的运营级、管理级与战略级管理人员，必须具有从事该职业所需的知识、技能和价值观。

（一）职业知识

1. 专业知识

会计人员从事的工作具有很强的专业性，需要精深的专业知识做支撑，包括战略管理、公司治理、财务战略、财务报告、成本管理、风险管理、并购与重组、税收筹划、审计与内部控制、价值管理与全面预算、财务分析与预测、经管责任与资产管理、财务信息系统与企业资源计划等方面的专业知识。

2. 相关知识

相较于专业知识，我们将与各层次会计人员所从事工作有关、但关系不如专业知识密切的知识统称为相关知识，其对会计人员所从事的工作具有一定帮助。鉴于各行业、各层级会计人员所处理的业务种类不同，他们所需具备的相关知识也不尽相同。各层次会计人员应具备的相关知识主要包括行业知识和外语、经济学、市场营销、国际商务、组织行为学、数量分析方法、信息技术等方面的知识。其中，对于各层次会计人员来说，掌握一定的行业知识是至关重要的。

（二）职业技能

职业技能是支撑会计人员履行职责的必备能力。它通常不能通过某门具体课程的学习得到，而是会计课程学习与会计实践共同作用的结果。

高层次（战略级）的完美的会计人员所需的技能包括沟通及协调能力、决策能力、战略规划能力、领导能力、团队合作能力、逻辑性思维能力、人际交往能力、分析能力、解决问题能力、承压能力、控制能力以及资源管理能力等。

（三）职业价值观

职业价值观是会计人员职业能力形成的基础和前提，它包括遵循法律、法规及职业规范，注重商业伦理与职业道德、维护公司正当利益、关注公众利益和社会责任、拥有终身学习的责任意识等。对于会计人员来说，良好的职业价值观是保证其从社会利益、职业利益出发认真履职的基础。

二、不同层级会计职业人员能力框架

（一）运营级会计人员

随着经济的发展、企业的转型，会计人员的岗位分工越来越细化，因此我们要求每个会计人员都具备所有的能力要素是不可能实现的。下面将从运营级会计人员所从事的主要工作出发，构建其职业能力框架。

1. 运营级会计人员职能

依据国内招聘网站 2017 年最新发布的招聘信息，从中随机收集了 150 条关于运营级会计人员的招聘信息，并对所招聘职位的岗位职责进行统计分析，显示分别有 73%、67%、50% 的用人单位的招聘信息中，对运营级会计人员的主要工作界定为会计核算、财务报告、内部控制；也有用人单位认为运营级会计人员的主要工作还应包括税收筹划、预算管理、成本管理、风险管理、资产管理、资金管理；只有少数单位认为投资管理、融资管理、业绩评价、公司战略制定等是运营级会计人员的主要工作。

在各项业务中，对运营级会计人员的重要性程度最高的是会计核算，认为"较重要"和"重要"的比例为91.63%，其次分别是财务报告与控制、成本管理、税务管理、内部控制。财务会计职能表现尤其突出，超越了内部控制、管理会计等职能。由以上分析可知，我国运营级会计人员的主要工作是从事传统的财务会计与报告工作。

2. 运营级会计人员胜任能力

从运营级会计人员的核心职能出发，总结出以下与之相关的核心胜任能力。

（1）沟通及协调能力

沟通及协调能力主要包括与企业外部、内部各类人员进行相互沟通与交流的能力，维护相关关系的能力，以及与其他业务部门进行良好互动的能力。

（2）分析及解决问题能力

分析及解决问题能力主要包括发现、分析问题的能力；建立和运用模型，进行财务分析的能力。

（3）逻辑思维能力

逻辑思维能力主要是指对工作项目进行推理演绎的能力。

3. 运营级会计人员能力框架

根据前述研究，运营级会计人员能力框架如下。

（1）职业知识

①核心知识：财务分析、风险管理、审计内控、成本管理、税收筹划、财务呈报、信息系统。

②相关知识：经济法、资产管理、税法、经济学、统计学、外语。

（2）职业技能

职业技能包括：沟通及协调能力、分析能力、逻辑性思维能力、团队合作能力、解决问题能力、人际交往能力、承压能力、控制能力。

（3）职业价值观

职业价值观包括：遵循法律、法规及职业规范，正直，客观，维护公司正当利益，关注公众利益和社会责任，终身学习。

（二）管理级会计人员

管理级会计人员是企业会计人员的主要力量，他们是企业对外提供会计信息、对内提供决策信息的主要编制者。

1. 管理级会计人员职能

依据国内招聘网站2017年最新发布的招聘信息，从中随机收集了150条关于管理级会计人员的招聘信息，并对所招聘职位的岗位职责进行统计分析，显示分别有80%、68.1%、57%的用人单位的招聘信息中，对管理级会计人员的主要工作界定为会计核算、财务报告与控制、税收筹划；还有部分用人单位的岗位职责中涉及投资管理、风险管理、资产管理、业绩评价等；只有少数用人单位的岗位职责中涉及融资管理、公司战略制定、兼并与收购等。

相关数据显示，对管理级会计人员而言，所有业务工作的重要性评价均超过60%，即整体而言各项业务工作都重要。其中尤为突出的是成本管理、税务管理、预算管理、风险管理等业务工作，认为该业务工作"较重要"或"重要"的比例均超过90%，依次为94.32%、93.51%、93.18%和93.18%。对管理级会计人员来说重要性程度相对不太突出的业务工作包括股东关系管理、公司战略制定、兼并与收购等。可见对该层次会计人员来说，管理会计的职能有所提升，财务会计的职能则有所下降，复杂性程度较高或跨部门职能的工作无法占据管理级会计人员日常工作的核心地位。由以上分析可知，我国管理级会计人员在企业中仍然主要从事与财务相关的报告、管理与控制工作，较少参与到企业的战略决策与管理过程中。

2. 管理级会计人员胜任能力

从管理级会计人员的核心职能出发，总结出以下与之相关的核心胜任能力。

（1）团队合作与领导能力

主要包括：团队管理与监督的能力，以及团结、鼓励团队成员配合开展工作的能力；领导团队实施财务战略、进行项目管理、实现财务功能远景以及建立高效果财务流程的能力；维护相关关系的能力，以及与其他业务部门进行良好交流沟通的能力。

（2）决策支持能力

主要包括：建立和运用模型，进行财务分析，提供决策支持的能力；提供逻辑严密、具有建设性的决策方案的能力。

（3）资源管理能力

主要包括：进行财务信息资源管理的能力；控制交易流程的能力；成本管理的能力。

3. 管理级会计人员能力框架

根据前述研究，管理级会计人员能力框架如下。

（1）职业知识

①核心知识：公司治理、价值管理、资产管理、财务分析、风险管理、审计

内控、成本管理、税收筹划、财务呈报、信息系统。

②相关知识：经济法、战略管理、财务战略、并购重组、税法、经济学、统计学、国际商务、外语。

（2）职业技能

职业技能包括：沟通及协调能力、分析能力、逻辑性思维能力、团队合作能力、解决问题能力、领导能力、人际交往能力、承压能力、控制能力、资源管理能力。

（3）职业价值观

职业价值观包括：遵循法律、法规及职业规范，正直，客观，维护公司正当利益，关注公众利益和社会责任，终身学习。

（三）战略级会计人员

战略级会计人员主要指企业中财务与会计的最高负责人。其通过有效投资、节约财务运行费用等手段实现企业的运营目标，为股东创造更大的价值。

1.战略级会计人员职能

战略管理流程、核心经营流程、资源管理流程是企业模式的内部核心流程，为更好地研究战略级会计人员的核心地位，主要将他们的职能放在这三个核心流程中进行考查。

（1）战略级会计人员在战略管理中的职能

第一，业绩管理。企业战略目标的实现需要一套行之有效的财务指标来进行衡量，业绩管理将贯穿于企业战略管理的始终。战略目标的制定与方案的施行，需要建立与企业整体目标相对应的指标体系，并据此衡量战略的成败。股东是企业经营活动最重要的利益相关者，股东最关注企业财务目标的实现，因此财务指标是企业业绩指标体系中的核心指标之一。在与业绩指标相关联的一系列激励措施中，现金、股票或股票期权等财务激励手段最为直接有效。由此可见，战略级会计人员在企业的业绩管理中起着非常重要的作用。

第二，决策支持与决策参与。如前文所述，区别于公司的其他高级管理人员，鉴于战略级会计人员所负责的财务与会计工作具有很强的专业性与技术性，战略级会计人员除做好自身财务与会计工作外，还需要为其他部门的工作提供战略决策支持。课题组调查显示，战略级会计人员参与公司经营决策的领域多属于能够发挥自身专业特长的财务领域，包括资产重组、兼并与收购、对内决策支持及财务流程再造四个方面。

（2）战略级会计人员在核心经营流程中的职能

财务与会计工作作为企业管理活动的重要组成部分，其核心职能是为企业的价值创造活动提供辅助支持。为保障企业核心经营流程的正常运转，战略级会计人员及其领导的财务与会计部门在此流程中的职能包括以下三个方面。

第一，会计核算。作为财务与会计部门的基本功能，职能的履行不仅涉及公司对外所披露信息的质量，也直接关系企业管理决策的水平。

第二，会计控制。此项职能主要包括内部控制、预算管理以及成本管理三个方面。内部控制的主要职能是在保证企业会计记录精确可靠、保护资产完整性基础上，促进财务政策的有效实施，提高企业经营的效率。预算管理的主要职能是根据企业财务目标，确定资源在企业的各经营环节实现有效分配，并使企业核心经营环节各价值链的成本得到有效控制。成本管理是企业竞争战略的核心内容。

第三，财务服务。战略级会计人员及其领导的财务与会计部门作为企业重要的管理部门之一，其主要职能之一就是为企业其他业务部门的运作提供有效的服务与支持，从而实现企业核心经营流程的有效运作。财务与会计部门提供的财务服务非常广泛，包括财务数据分析、资金提供、纳税、客户信用评估等。

（3）战略级会计人员在资源管理中的职能

战略级会计人员在资源管理中的职能主要体现在以下五个方面。

第一，财务信息管理。战略级会计人员在财务信息管理方面的职能主要包括财务呈报、财务预测及提供管理信息三个方面。财务呈报即要求战略级会计人员及其领导的团队需要为企业的内部管理者提供可靠的决策信息，同时为企业的外部信息使用者提供真实、灵活、通用的信息资源。许多国家的法律已经明文规定，企业的战略级会计人员必须如实提供财务决策信息，如弄虚作假，将承担法律责任。同时，如前文所述，战略级会计人员还需要向企业其他业务部门提供实时的经营信息和预测信息，为其决策提供有效支持。

第二，现金管理。现金作为公司的血液，战略级会计人员进行现金管理的目标主要包括：保证企业开展经营活动的资金需求，利用闲置资金进行有效投资、控制现金的利率风险、信用风险、外汇风险以及时刻保持企业的偿债能力等。

第三，非现金资产管理。企业在运作过程中存在各种形式的非现金资产，如存货、固定资产、无形资产、长期投资等，依照控制的原理，战略级会计人员及其领导的团队将主要负责对这些资产的记录工作。同时，通过调研我们发现，在企业的实际运作过程中，战略级会计人员还担负着资源调配的作用，并对资源的应用效率负一定责任。

第四，人力资源管理。战略级会计人员在此流程中主要是参与对人力资源的管理，主要体现在对人力资源成本的核算与控制，诸如工资、福利等与人工直接相关的成本，以及培训等间接相关的成本。

第五，关系维护。战略级会计人员将花大量的时间与银行、税务部门及监管机构打交道，而相关数据也说明与这些部门的关系维护不容忽视。维护企业与股东、监管部门以及银行的良好关系，是战略级会计人员的重要工作。

2.战略级会计人员胜任能力

从战略级会计人员的核心职能出发，总结出以下与之相关的核心胜任能力。

（1）决策能力

主要包括：进行财务决策以及参与企业其他经营战略决策的能力。

（2）战略规划能力

主要包括：制订公司财务目标和财务战略的能力，规划企业财务远景的能力，以及运用财务战略支撑企业战略发展的能力。

（3）分析解决问题能力

主要包括：抓取、分析财务数据能力以及运用分析模型支持决策的能力，推理演绎的能力，对信息进行有效整合与评价的能力，拟定不同方案并实现意见统一的能力。

（4）领导管理能力

主要包括：进行财务团队组建、项目管理、人力资源管理、激励和培养人才能力的能力；进行财物信息资源管理的能力；在保全企业资产的基础上，使之高效运转的能力；控制既定业绩目标的能力。

3.战略级会计人员能力框架

根据前述研究，战略级会计人员能力框架如下。

（1）职业知识

①核心知识：战略管理、公司治理、价值管理、并购重组、财务分析、财务战略、风险管理、审计内控、成本管理、税收筹划、财务呈报、信息系统、财产管理。

②相关知识：经济法、税法、经济学、统计学、国际商务、行为学、外语。

（2）职业技能

职业技能包括：沟通及协调能力、决策能力、战略规划能力、分析能力、逻辑性思维能力、团队合作能力、解决问题能力、领导能力、人际交往能力、承压能力、控制能力、资源管理能力。

（3）职业价值观

职业价值观包括：遵循法律、法规及职业规范，正直，客观，维护公司正当利益，关注公众利益和社会责任，终身学习，提高政策水平和业务能力。

第三节　我国会计职业发展前景展望

一、当前会计职业现状

我国会计从业人员的数量较多，就业好、待遇较高是许多人选择会计行业的一个重要原因。大部分的从业者工作年限偏高，80%以上的从业者工作年限在3年以上，这在一定程度上说明了会计工作的稳定性，以及对经验的要求，侧面说明会计越老越吃香并不是没有道理的，这告诉我们要想更好地从事会计工作并获得较好的薪资待遇，应该重视工作经验的积累，树立终身学习的目标，及时更新会计知识。

会计作为热门职业受如此多人的追捧，那么让我们再来看看会计人员的薪资。根据相关数据可以清晰地看到年薪低于6万元的接近从业人员的40%，说明虽然会计从业人员较多，但大部分薪资水平较低，说明会计从业门槛较低，要想获得较高的薪资水平并不容易。同时会计薪资也有30万～50万元的，说明会计行业薪资水平有较大的提升空间，仍然有一部分人收入可观。最为明显的是薪资为6万～10万元的，所占比重超过37%，占很大部分，从侧面证明了会计行业薪资较其他行业更有优势，要想得到更高的薪酬回报还需过硬的专业知识和技能。

作为一个会计从业人员应保持时刻学习、与时俱进的心态，顽固保守只会被新时代淘汰。会计行业注重经验的积累，要想取得较高的薪酬待遇，以及良好的办公环境和职业发展，需要耐得住寂寞沉下心来学习，多多考取相关资格证书。因此，我们应该对未来保持信心，会计行业有很强的增长空间和潜能，在拥有信心的同时应该增强自身专业素养，不断学习，成长为具有综合素质的高级会计人才。

二、不同层次会计人才就业的现状及建议

（一）初级会计人才

2017年全国高校毕业生人数再创新高，有765万人之多，而会计专业毕业生

也有 90 多万人。截至 2017 年底，累计共有 637 万人通过了相应级别的专业技术资格考试，其中获取初级证书的有 443 万人，获取中级资格证书的有 180 万人，获取高级资格证书的有 14 万人。目前，会计人才结构呈现的是金字塔型，但这并不是一种合理的金字塔。处于金字塔底端的初级会计人才所占比例偏大，而上端即中、高级会计人才严重不足。数据显示，目前长三角地区城市对高级会计师的需求在 10% 左右，对中级会计人员的需求在 20% 左右，但是目前在我国约 1400 万会计从业人员中，中级会计师仅占 10.8%，高级会计师仅占 0.57%，注册会计师仅占 1.1%。显而易见，当前的中高级会计人才的数量是无法满足新经济形势下企业发展需求的。

1. 初级会计人才就业现状

2017 年 11 月 5 日，会计从业证的取消终于得到了官方的确认，正式获得通过，2017 年 11 月 4 日下午，第十二届全国人大常委会第三十次会议表决通过关于修改会计法的决定，将"从事相关会计工作的人员，须取得会计从业资格证书"这一规定，修改为"会计人员应当具备从事相关会计工作所需专业能力"，这间接地削弱了会计从业资格证的必要性。会计从业资格证的取消，并不意味着会计专业的取消，恰恰相反，会计专业将因此增强专业性。会计行业的竞争将更加激烈，同时也促进会计专业朝着更专业方向发展。过去那种"证多不压身"的观念，往往使人们不论自己适不适合从事会计行业，都去考取会计从业资格证，这不仅会造成社会公共资源的浪费，也不利于人才培养。取消会计从业资格证，表明国家将陆续取消一些不必要的资格证书，人才培养将因此更加专业化，会计教育更加注重能力等综合素质培养。随着会计从业资格证的取消，初级会计师证就成为从事会计工作必不可少的证书之一。据统计，85% 以上的会计专业毕业生在大学毕业前就会通过初级会计师考试，而当前 64% 的招聘单位在进行员工面试时都会问到其是否具有初级会计师证书。在当前取消会计从业资格证书的形势下，招聘单位从要求其具有会计从业资格转变为要求其具有初级会计师证书，初级会计师证书成为从事财务行业的敲门砖。但对于那些真正想在会计行业有所作为的会计行业从业者，还应不断提升自己，通过考取中级、高级、注册会计师等高级别的资格证书来证明自己。初级会计师证书是在校大学生所能考取的证书之一，这一证书对于一个准备进入或刚进入会计行业的应届大学生来说是比较有用的。会计职称是衡量会计从业人员业务水平高低的标准之一，通常来说会计职称越高，则会计业务水平越高。当前许多用人单位在招收会计实习员工时都要求其具有初级会计师证书，并且在国企及一些私人企业中，相关证书和工资奖金是直接挂钩的，多个证书意味着多一些基础工资。这一证书对应届毕业生尤其重要，如果持有这一证书，应届毕业生找到一份好工作的概率会高很多。目前初级会计人才就业从事的多是核算工作，能给企业带来的价值远不如中高级会计人才给企业带来的附加值多。

2. 初级会计人才就业建议

我国目前约有2000万的会计从业资格证获得者，但是实际与会计行业相关的财务人员在1600万左右。还有很多考取了会计从业资格证的获得者并没有从事相关会计方面的工作经验，其中很大一部分人是抱着技多不压身的心态考取会计从业资格证。虽然国家在2017年取消了会计从业资格证这一考试，但在无形之中提高了会计行业的准入门槛，初级会计师资格证已成为进入会计行业的基础性证书。然而这一证书的报考条件为：大专毕业后担任会计员职务满2年；中专毕业后担任会计员职务满4年；不具备规定学历，担任会计员职务满5年。报名参加会计专业技术初级资格考试的人员，除具备上面的基本条件之外，还必须具备教育部门承认的高中毕业以上学历。从上述报考条件可以看出，初级会计师资格证的准入门槛依然较低，然而司法考试的报名要求中有一条为：高等学校法律专业本科毕业或者高等学校非法律专业本科毕业并且具备一定的法律专业知识。这一条则明确限定报名者为本科生才能报考司法考试。这种做法很大程度上避免了大量低端法务人才的出现，所以会计行业也应该适当提高准入门槛，从而促进本行业的良性发展，进而减少低端会计人才之间的竞争。

很大一部分低端会计人才是高中毕业生或者大专生，甚至不是本专业的学生，通过自学或者跟随有经验的老会计学习一段时间后就从业上岗，虽然有一定的工作经验，但是没有系统地学习过会计相关的理论知识，对会计的理解还不够深刻，只是单纯地停留在会计核算这一层面。对于低端会计人员来说应该继续参加教育，努力获得本科学历或者研究生学历，为自己的职业发展打下坚实的会计理论知识基础。

（二）中级会计人才

1. 中级会计人才就业现状

中级会计职称是会计职称的一种，据现行会计职称管理规定，通过中级会计职称考试后可以评定会计师职称。会计师指具有一定会计专业水平，经考核取得证书，可以接受当事人委托，承办有关审计、会计、咨询、税务等方面业务的会计人员。由于中级会计师考核采取的是考评结合的方式，这种方式既能避免企业录用单一的只会考试的会计人才，也能够帮助企业录取到既具备一定的知识理论又有较为丰富的会计从业经验的会计人才。中级会计人才有别于初级会计人才，被定性为管理型人才。中级会计人才需具备诸如分析企业现有问题、工作中的薄弱环节的综合分析的能力，并能据此提出相应的解决方案。此外，中级会计人才还需具有财务管理的能力，包括资金的分配、投资、运营等能力。这一实用型人才也是当前会计界乃至全社会最急需的。其中，会计人才市场对于那些有助于改善企业现金流以及熟悉会计报告的中级会计人才的需求更加明显。在总体薪酬水平保持稳定的情况下，拥有复合技能的会计师将有可能得到一定的额外薪酬，雇主的招聘带有选择性，雇主往往青睐于那些具有领导能力并能立即对企业运营做出贡献的专业人士。随着上市公司数量大幅度增加，投资融资公司如雨后春笋般出现，民营和金融企业的大发展使得市场对中级会计人才，即管理型会计人才的需求与日俱增。在具备扎实的会计理论知识的前提下又拥有较为丰富从业经验的中级会计人才注定是市场上的"香饽饽"。

2. 中级会计人才就业建议

由于许多低端会计人才通过提升学历的方式来提升自身，从而抢占中端会计人才的就业市场，中端会计人才需要在获得一定层次的学历证书的前提下，努力考取高级会计师、ACCA、CPA、CMA 等会计行业含金量极高的证书，并在工作中不断积累经验，丰富自己。此外，中端会计人才作为企业的管理型人才，不仅应该积极参与企业的决策和管理，还应为企业管理者提供财务上的智力支持。上市公司以及互联网等金融企业对中端会计人才的要求较高，中端会计人才必须适应现代企业的发展。同时，中端会计人才虽然是管理型会计人才，参与企业管理决策，但是对企业的发展方向、发展战略并不能提出实质性的建议，和战略型的会计人才相比还有着较大的差距。因此，中端会计人才必须有意识地提升自己，朝着战略型的会计人才发展，才能在会计人才市场站稳脚跟。

（三）高级会计人才

1. 高级会计人才就业现状

不能将高级会计人才简单地定性为获得高级会计师证书的人群。高级会计人才也包括获得 ACCA、注册会计师等高含金量证书的人才，同时，自身也具有丰富的会计行业的从业经验，对会计行业有着较为深刻的认识，能够凭借自身的专业知识和经验储备结合当前经济发展形势，针对企业发展的现状提出战略性的建议或者意见，因此高级会计人才也被定义为战略型人才。对于一个企业来说最重要的就是企业发展战略的制定以及实施，高级会计人才作为战略的制定者和参与者之一，往往重视企业的长远发展及企业利益的最大化。高级会计人才在公司的发展中扮演着重要角色，发挥着重大作用，作为会计职业金字塔顶端的人群，必然为众多公司所青睐，也是猎头们的首要目标。

2. 高级会计人才就业建议

企业对高级会计人才的要求极高，不仅要求高级会计人才能够参与到企业的财务管理这个过程中来，还要对企业的发展战略提出有针对性的意见，最重要的是高级会计人才还应具有创新精神。所以，高级会计人才应该不断提升自己，增强自身的交流沟通能力，准确有效地把会计数据转化为会计信息，并以通俗的语言传达给相关会计信息使用者，培养自身的学习能力，紧跟时代发展，开拓创新，积极适应会计国际化发展趋势，力争做一个合格的管理型、战略型会计人才。此外，上文提到过，如果高端会计人才不能与时俱进，就注定要被就业市场淘汰，因此高端会计人才要培养快速学习的能力以及终生学习的观念。会计理论以及会计实务更新换代的速度也是很快的，对于高端会计人才来说，要适应会计理论以及会计实务的变化，应对不断出现的会计新问题，就要树立终生学习的学习观念。高端会计人才不仅需要对本专业的知识了然于胸，还要对税收、经济学、法学、管理学、国际商务等知识和理论有所涉猎，只有这样高端会计人员才能不被就业市场淘汰。

三、不同企业会计人才就业前景

会计是一种商业语言，在经济和贸易交往中有着不可替代的作用，因而在我国具有较好的就业前景。为了适应我国外向型经济发展趋势，学校和国家需要培养一批既懂得中国会计又具备国际会计惯例知识的复合型人才，为各大企事业单位及政府带来一批具有良好职业道德素质和思想水平，拥有扎实的基础和较强的业务能力、创造能力的新时代高水平财务管理人才。目前我国的会计专业就业前景可以概括如下。

（一）外资企业

就业前景：待遇较好，所学的知识很专业。

大部分的外资企业薪酬普遍高于内资企业，尤为重要的是，外资企业财务管理的体系和方法都相对比较成熟，一般对新入职的财会人员进行实践培训后才能使其上岗，上岗后先从基础做起；内部财务人员的分工细致，因而工作效率相对较高。当然，因分工细致使会计人员只能学到某一负责岗位的知识技能，虽然这个技能非常专业，但并不利于整个职业发展，因为无法获得全面的财务管理和会计知识。后续的培训机会，也是外资企业吸引员工的一个原因，因为财务管理是一个经验和知识越多越值钱的职业。

（二）内资企业

就业前景：需求量较大但待遇较差，发展空间小。

内资企业对会计的需求量是最大的，是我国会计专业毕业生的主要就业方向。大量中小企业尤其是民营企业，他们只需要"账房先生"，对财务管理和分析能力没有较高的要求，因此该类企业的财务监督和内部控制相对混乱。创业的初期由于涉及财务信息，一般会计工作由自己的亲信担任，企业做大后才会招聘外部财务人员。因此发展空间及待遇普遍相对较差，入职门槛相对较低。

（三）事务所

就业前景：大小事务所有较大的差别。

在事务所工作累是一个共同的特点。区别是：小的事务所事情多且杂，而待遇却较低；外资事务所待遇较好，但他们工作任务更重，经常加班。然而在事务所最能锻炼人，能学到在企业学不到的许多知识，对于一个审计项目必须从头负责到尾，能充分锻炼一个人的沟通能力、团队合作能力及财务管理和审计相关专业的技能。相关调查数据显示，35岁以下从业人员占绝大多数，这在一定程度上反映了当今的就业趋势：越来越多的年轻人选择从事财务会计工作。

四、我国会计职业发展的展望

（一）海纳百川，保持特色

在中国的政治、经济、法律和文化环境的复合影响下，会计的中国特色形成和社会主义市场经济会计模式的建立是一个长期的扬弃过程，需要有"衣带渐宽终不悔"的决心和"绝知此事要躬行"的执行力。2016年，财政部发布了《会计改革与发展"十三五"规划纲要》，要求会计法制、会计标准必须适应环境变化不断完善、强化实施，会计从业人员必须转变观念、开拓创新，要求会计监管和宏观管理必须改进监管方式、形成监管合力和牢固树立服务理念。中国特色社会主义进入了新时代，作为新时代中经济生活的重要组成部分，会计工作也必须不忘初心，牢记使命。在会计准则国际趋同的情况下坚持"不忘本来、吸收外来、面向未来"，保持中国特色。在其他相关制度规范的制定中，会计从业人员也应积极发挥作用。

（二）扩大影响，形成体系

在各方面宏观环境影响会计职业的同时，会计职业的发展也将对上层建筑等环境产生积极影响。在外部环境不确定性高的情况下，决策者通常需要结合外部环境的影响状况灵活地采取相应的行动。

面对海量信息，具有综合性、代表性的数据和指标更具有决策相关性。会计是与经济生活联系最为紧密的商业语言，相比宏观经济统计数据、金融领域综合数据，上市公司披露的会计盈余信息具有明显的宏观预测价值。但由于传统的思维惯性，人们总是认为会计信息过于微观，从而使得会计职业无法发挥应有的作用和影响力。会计应集统计、金融、管理等学科知识之大成，设计出既具有会计特色，又通俗易懂、易用的指标体系、网络体系、服务体系。会计语言得到进一步"优化"，不仅能够彻底摆脱会计信息因过于专业而不能"流行"的困惑，还能像统计信息那样广泛地渗入百姓的日常生活，能够服务、惠及亿万公众。

（三）价值管理，利益共享

面对利益相关方的复杂关系，企业越来越需要通过价值创造为整个业态网络创造共享收益，而非通过侵占其他利益相关方来攫取私有收益。传统的外部利益主体包括股东、债权人等。我国的股票市场和债券市场虽然取得了令人瞩目的成果，但金融体系以银行信贷为主导，股票市场、债券市场的规模和资源配置的作用还非常有限。这要求会计从业人员在融资、投资等财务管理活动中仍需要积极协调企业与银行、股票投资者、债券投资者之间的关系，更好地发挥他们的融资和治理功能。此外，企业与供应商、客户等主体的关系在新的业务模式下变得越来越重要，需要引导和满足客户需求，以创造价值为核心，与上下游业务伙伴乃至所在社区通力协作，形成利益共同体。会计从业人员将在其中培养公允价值、收入确认等职业判断的能力，进一步提高价值管理的水平。

（四）学术前沿，顶天立地

20世纪90年代中后期以来，我国会计领域的学术工作者逐渐与国际前沿的研究接轨，出现了一批在国外高校任职的华人学者，国内外学者在国际领先的刊物上发表了大量研究中国问题的高水平论文。近年来，越来越多国内高校的青年学者陆续在国际上具有一定知名度和影响力。国内权威期刊中的各类会计领域的理论研究也是百花齐放、百家争鸣，覆盖了专业内的各种问题以及交叉领域的很多研究话题。随着我国综合实力的增强，未来围绕中国问题的会计学术研究将具有更加旺盛的生命力。值得注意的是，顶天的同时也要立地，我们需要更多来自企业实践的经验总结和提高，关注更多调研、访谈类的研究。

（五）文化自信，职业自强

不论在实务界还是在理论界，改革开放以后我国一直努力学习西方的先进经验，并取得了令人振奋的成绩。但是在这一过程中，应该特别注意批判地学习，始终保持文化自信。习近平总书记在十九大报告中指出，文化是一个国家、一个民族的灵魂。文化兴国运兴，文化强民族强。文化自信是一个国家、一个民族发展中更基本、更深沉、更持久的力量。没有高度的文化自信，没有文化的繁荣兴盛，就没有中华民族伟大复兴。

在经济环境和科技发展的冲击之下，开始有言论认为会计这一延续几千年的职业将会消失，机器人已经可以完成所有的会计工作。从目前的发展来看，机器人能取代的只是会计领域中重复性的简单工作，分析、决策、判断等工作仍需要具有更高素质的会计从业人员来完成。

会计从业人员需要践行社会主义核心价值观，保持文化自信、职业自强，扎根我国企业的实践，为建设新时代中国特色社会主义贡献力量。

参考文献

[1] 刘开瑞，高晓林．中国会计文化理论架构研究 [M].北京：中国人民大学出版社，2018.

[2] 颜晓燕，欧阳春，李自连，等．高级财务会计 [M].南昌：江西高校出版社，2018.

[3] 胡顺义，许学梅，李海洋．中级财务会计 [M].南京：南京大学出版社，2018.

[4] 黄延霞，赵静雅，曹其英，等．基础会计 [M].成都：四川大学出版社，2018.

[5] 李霞，陆红霞，李东光．会计教学方法与人才培养研究 [M].天津：天津科学技术出版社，2017.

[6] 耿明堃．企业会计内部控制的问题与优化对策研究 [J].中国市场，2021（29）：100-101.

[7] 郭华．高校财务会计核算存在的问题及改进建议探讨 [J].中国市场，2021（29）：147-148.

[8] 顾巧云."互联网+"背景下管理会计与财务会计融合分析 [J].中国市场，2021（29）：187-188.

[9] 王玉律．企业社会责任会计存在的问题与优化路径 [J].中国物价，2021（10）：110-112.

[10] 王永珍．对会计专业实践教学的思考 [J].中国乡镇企业会计，2021（10）：172-173.

[11] 刘丽红．翻转课堂在职业院校会计教学中的应用 [J].黑龙江科学，2021，12（19）：120-121.

[12] 李蕊，武莹莹，许子妍，等．高校内部协同创新会计人才培养模式分析 [J].商讯，2021（28）：195-196.

[13] 张一平．信息化背景下会计专业教学改革新思路 [J].中国管理信息化，2021，24（19）：191-192.

[14] 李艳．"互联网+"时代高校应用型会计人才培养模式研究 [J].农场经济

管理，2021（9）：37-39.

[15] 徐波，丁和平，龚家凤 . "互联网＋"时代下高校会计教学改革的策略 [J].中国乡镇企业会计，2021（9）：178-179.

[16] 何平 . "互联网＋"背景下高职会计专业实践教学改革探讨 [J].延边教育学院学报，2021，35（4）：159-161.

[17] 李笑一 . 使用微课进行基础会计教学的构想 [J].职业，2021（15）：95-96.

[18] 王晓玲 . 新形势下高校会计人才培养模式改革策略探析 [J].大学，2021（30）：90-92.

[19] 李海燕，张增雷 . 财务共享背景下高职会计人才培养模式研究 [J].石家庄职业技术学院学报，2021，33（4）：64-67.

[20] 陈蕊 . 职业胜任力导向下的高职院校会计人才培养研究 [J].质量与市场，2021（13）：70-72.

[21] 张艳 . 会计职业转型下高校管理会计人才培养路径探析 [J].科技创业月刊，2021，34（5）：127-130.

[22] 陈燕宁 . 高职会计人才能力需求及人才培养思路研究 [J].现代商贸工业，2021，42（17）：63-65.

[23] 张艳，罗利 . 高校管理会计人才培养创新机制探讨 [J].合作经济与科技，2021（10）：108-109.

[24] 周展慧 . 新时代背景下构建高层次会计人才培养模式的路径探析 [J].中国商论，2021（6）：174-175.

[25] 吴天舒，李妍 . 新时代背景下高职会计专业人才培养策略 [J].辽宁高职学报，2021，23（3）：19-23.

[26] 郭丹华 . 基于慕课的混合式教学实践：以《会计信息系统》课程为例 [J].湖北农机化，2020（7）：110-111.

[27] 郭清兰 . 高职会计专业人才培养质量保障体系探究 [J].财经界，2015（14）：305.

[28] 段琼 . 关于完善会计专业人才培养质量保障体系的几点建议 [J].陕西教育（高教），2015（3）：43-44.

[29] 赵雪梅，庄胡蝶，汤长胜，等 . 高职院校人才培养质量保障体系构建：以会计专业为例 [J].市场论坛，2014（5）：46-47.

[30] 彭会平 . 高职会计专业人才培养质量保障体系研究 [J].当代职业教育，2014（2）：65-67.